AF190077

„Heilung bedeutet, dass der Mensch erfährt,
was ihn trägt, wenn alles andere aufhört,
ihn zu tragen."

Wolfram von Eschenbach (um 1170 – um 1220)

Das Buch:

Wir müssen endlich erkennen, dass wir spirituelle Wesen sind, die mit ihrer Seele sowohl in einer spirituellen als auch in einer materiellen Welt existieren. Und das hat zur Folge, dass im physiologisch-natürlichen Entwicklungsprozess der Menschheit als bestimmende Komponente immer auch der „Geist als Bewusstsein" hinzutritt und den „Startpunkt" für jegliche Weiterentwicklung markiert, die beim Menschen nicht mehr automatisch erfolgt, wie bei den Geschöpfen der Natur, sondern von diesem selbst mitbestimmt wird. Insofern ist nicht mehr nur die menschliche Physis allein als Basis dieser Weiterentwicklung zu betrachten, sondern vor allem der Ätherleib als bestimmender Impuls des Bewusstseins.

Fragen oder Anregungen sind erwünscht unter *dr.smig@web.de*.

Der Autor:

Prof. Dr. Werner Smigelski, geb. 1929 in Leipzig ist emeritierter Hochschulprofessor. Vor über 30 Jahren wandte er sich auf innere Eingebung der Mystik zu und lebt seitdem zurückgezogen in der Eifel. Er empfängt seitdem spirituelle Durchsagen und ist ein detaillierter Kenner der mystischen Überlieferungen aller Weltreligionen. Die zentrale Botschaft in seinen Werken ist eine Zusammenschau wichtiger spiritueller Texte zum Inneren Weg, die im Kern aller Überlieferungen offenbar werdende und im göttlichen Geheimnis selbst begründete wesentliche Einheit aller Religion. Die Erschließung dieser bisher eher fragmentarisch nebeneinander stehenden Überlieferungen für eine heute – im Zuge einer spirituellen „Globalisierung" – anstehende religiöse Neubesinnung ist das Anliegen seiner Schriften, die allen denen gewidmet sind, die einen tieferen Einblick in den großen Sinnzusammenhang der Menschheit als Teil des Universums suchen.

Vom gleichen Autor sind erschienen:

* *Telepathie – Kommunikation der Zukunft*, ISBN 3-8334-3158-X
* *Der Traum des Jakob*, ISBN 3-86548-488-3
  (unter dem Pseudonym Anonymos)
* *Wege zur Erleuchtung – zwischen Selbsterkenntnis und Verblendung*, ISBN 978-3-8334-6984-8
* *Inkarnation*, ISBN 978-3-8334-8509-1
* *Schöpfung*, ISBN 978-3-8370-4821-6
* *Unschärferelation von Geist und Materie*, ISBN-13: 978-3-8370-9706-1
* *Krankheit als Bewusstseinsgenese / Heilung durch Selbsterkenntnis*, ISBN-13: 978-3-7460-4963-2
* *Ätherleib und Quantenbewusstsein*, ISBN-13: 978-3839182833
* *Energie, Substanz, Bewusstsein: Versuch einer Definitionsfixierung als Brückenschlag zwischen Physik und Spiritualität*, ISBN: 978-3-7460-6195-5

Autoimmunerkrankungen und Ätherleib

1. Auflage 2015 © Prof. Dr. Werner Smigelski

Alle Rechte liegen beim Autor
Herstellung und Verlag: BoD - Books on Demand, Norderstedt

ISBN 978-3-7460-6238-9

Buchgestaltung:
tastdesign, Düsseldorf, www.tastdesign.de
Umschlagbild und Bilder innen: Fotolia

Bibliografische Information Der Deutschen Bibliothek:
Die Deutsche Bibliothek verzeichnet diese Publikation in der Deutschen
Nationalenbibliografie; detaillierte bibliografische Daten sind im Internet
über <http://dnb.ddb.de> abrufbar.

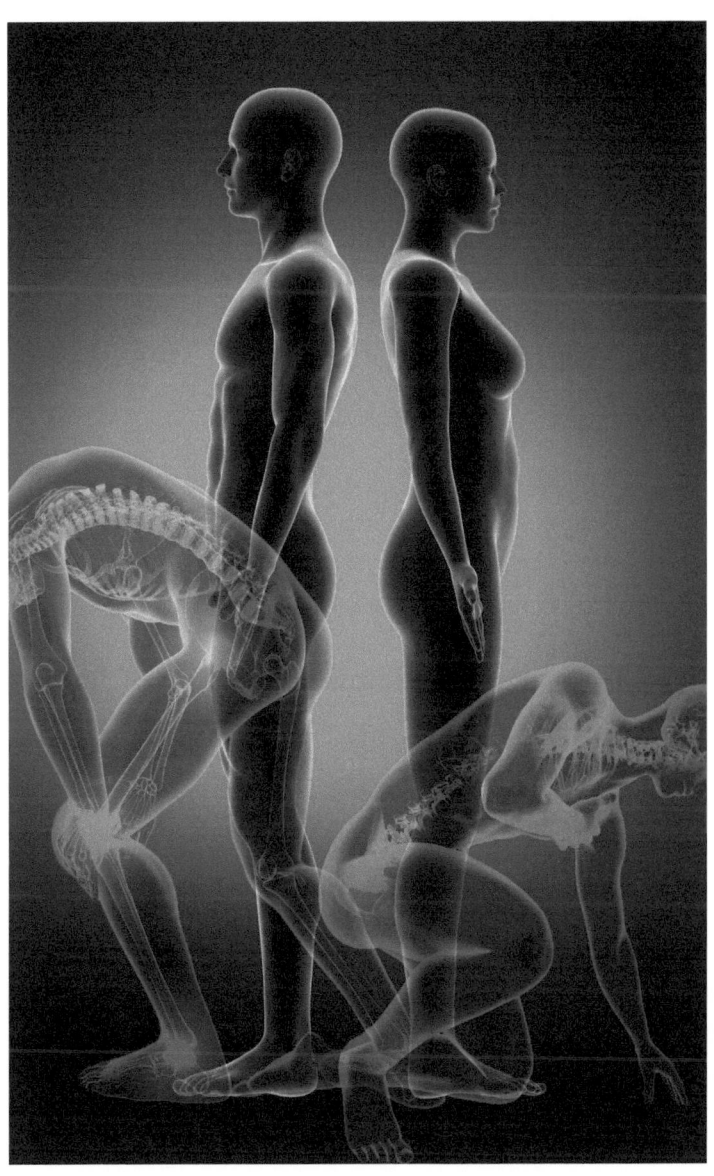

Inhalt

VORWORT

Schöpfung ist Gestaltwerdung des Geistes und als gestalte-te Form Manifestation und zugleich Verhüllung des Geistes. Zwischen beiden besteht eine fundamentale „Unschärferelati-on", die sowohl die Unerschöpflichkeit des universalen Form-lebens einerseits, wie auch den Wandel der damit verbunde-nen Bewusstseins-Entwicklung andererseits in sich begreift. Diese unauflösliche Einheit des LEBENS im Spannungsfeld der Polaritäten von Geist und Materie entfaltet sich als ein hoch-differenzierter Energiekreislauf, in welchem die Urenergie als „Äthersubstanz" die vermittelnde Wirkungssphäre im Leben schlechthin ist, über das sich der schöpferische Plan Gottes für das gesamte Universum manifestiert. Denn es gibt im Univer-sum nichts als Energie, und sie funktioniert durch diese fein-stoffliche „Substanz", die alle Formen durchdringt und in Be-wegung setzt. Denn es gibt im manifestierten Universum, der „Schöpfung" nichts als eine „substanzerfüllte Energieform", die den äußeren manifestierten Körper kontrolliert, beherrscht und in seinem Zustand bestimmt. Das ist der **Ätherkörper.** Über diese Energieschwingungen hängt im Universum alles zusammen, und obwohl diese "universale Substanz" **(Äther)** subtil und flüchtig ist, so ist sie doch in einem anderen Sinne sogar „dichter" als die von uns vorgestellte kosmische Materie, denn der Substanz innewohnend ist unaufhörliches Leben. Alle Energien treten über diese integrierende Kraft des „Äthers" miteinander in Verbindung, wobei der Impuls dafür in der ener-getischen Substanz des Äthers selbst liegt und über die Ener-gien sich in allen Manifestationen im Kosmos zu Phänomenen verdichten, *denn für diese Energie-Strahlen ist nicht primär die grobstoffliche substanzielle Physis selbst, sondern der*

„Ätherkörper" die Empfangsstelle und zugleich der integrale Bestandteil aller **„Substanzformen"** zuständig; und zwar weil dieser ätherische Energiekörper die Wesensäußerung allen Lebens ist, indem über ihn jede Form auf der äußeren, objektiven Ebene beseelt wird; und grundsätzlich mit jeder anderen Ausdrucksform des Lebens verbunden ist.

EINLEITUNG

Wie im Vorwort schon angedeutet, werden die Begriffe „Lebensenergie" und „Substanz"öfter synonym verwendet, sind aber dennoch verschiedene Aspekte einer gemeinsamen Realität. So ist die „Lebensenergie" quasi wie die positiv Leben erzeugende Elektrizität und die „Substanz" wie der negativ empfangende Magnetismus (denn Leben erzeugt und Substanz empfängt) – wie Welle und Teilchen im Licht. Lediglich hinsichtlich der grundlegenden Bedeutung von „Substanz", mit seiner Gleichsetzung von „Materialität", ist dieser Begriff eine „falsche Bezeichnung". Es ist jedoch hilfreich, dieses Wort einmal auf seine lateinische Wurzel zurückzuführen: „sub" unter und „sto stare" stehen. Substanz ist also dasjenige, was unter etwas anderem steht oder ihm zugrunde liegt. Die Schreibweise „sub-stans" wäre korrekter und gäbe eine bessere Beschreibung. Denn unentwegt strömen Energien in die Schöpfung als Ganzes ein, deren besondere Eigenschaft es ist, als **Strahlenenergie** das Bewusstsein zu beleben, um das zu erwecken, was in allen materiellen Formen verborgen ruht, nämlich das innere „spirituelle Sein", um dieses zu verwandeln und immer wieder in ein neues Bewusstseinsstadium höher zu potenzieren. *Das „Licht als sichtbare Energiequelle" auf Erden ermöglicht den Beweis jener Synonymität von „Substanz und Energie" in der „Unschärferelation" von Welle und Teilchen.1*

Und das wird z.B. in der Doppelnatur des Menschen auf exem-

---

1 Die neue physikalische Betrachtungsweise des paradoxen Wellen-Teilchen-Dualismus führte Niels Bohr ein. Dabei handele es sich weniger um Polaritäten, sondern komplementäre Eigenschaften.

plarische Weise realisiert und manifestiert: Denn der Mensch ist in seiner Natur gleichermaßen geistbegabte Materie und verkörperter Geist. Während nun die biologische Evolution durch die Hervorbringung einer Trägerspezies im Vormenschen die Entwicklungsbasis für die Menschheit geschaffen hat, ist diese jetzt im Hinblick auf die Höherentwicklung des Geistes, des Bewusstseins, an einem Wendepunkt angekommen und steht somit zugleich heute vor einem Neuanfang: Hat sich der Mensch bisher als das einzige Geist-begabte Geschöpf einer materiellen Welt gesehen, so muss er jetzt lernen, sich als Geistwesen innerhalb einer übergeordneter geistigen Hierarchie zu begreifen. Und das bedeutet, dass der heutige Mensch dazu erweckt werden muss, das in ihm schlummernde latente geistige Potenzial über die *Bewusstwerdung seines Ätherleibes* zu entdecken und verantwortlich zu entfalten."

Wir müssen endlich erkennen, dass wir spirituelle Wesen sind, die mit ihrer Seele[2] auch in einer spirituellen Welt und nicht nur in einer materiellen Welt existieren. Und das hat zur Folge, dass im physiologisch-natürlichen Entwicklungsprozess der Menschheit als bestimmende Komponente immer auch der „Geist als Bewusstsein" hinzutritt und den „Startpunkt" für jegliche Weiterentwicklung markiert, die beim Menschen nicht mehr au-

---

[2] In Wahrheit ist das, was der primitive Mensch unter „Seele" versteht, das gleiche, was wir heute „Leben" nennen. Die Begriffe „beseelt" und „belebt" sind völlig identisch, ebenso die Begriffe „entseelt" und „tot". Das griechische Wort „Psyche" bedeutet keineswegs bloß Bewusstsein, sondern kann zumeist einfach mit „Leben" übersetzt werden, und ähnlich können in vielen Fällen die deutschen Worte „Leben" und „Seele" vertauscht werden. ... Was wir Seele nennen, ist weder eine ausgedehnte noch eine denkende „Substanz", es ist überhaupt nicht „Substanz", sondern ein höchst kompliziertes Geschehen, ein Zusammenhang von Wirkungen, der sich einerseits im Aufbau des Körpers, andererseits im Bewusstsein offenbart. Aus „Die Seele und ihr Mechanismus" von A. Bailey, S.24 ff

tomatisch erfolgt, wie bei den Geschöpfen der Natur, sondern von diesem selbst mitbestimmt wird. Insofern ist nicht mehr nur die menschliche Physis allein als Basis dieser Weiterentwicklung zu betrachten, sondern vor allem der Ätherleib als bestimmender Impuls des Bewusstseins. Nur so ist auch die Äußerung der hl. Hildegard von Bingen zu verstehen: *„Der Mensch trägt für das Universum Mitverantwortung.“*

Dabei ist der physisch-biologische Leib lediglich der zeitlich begrenzte und sterbliche Funktionsbereich eines organischen Stoffwechsels und somit der Träger der gesamten Vitalität, Gesundheit und Krankheit.

1. „Der grob-physische Körper" ist die Gesamtsumme aller Organismen, aus denen er besteht. Diese haben jene vielfältigen Funktionen, welche die Seele befähigen, sich als Funktionsträger eines größeren und umfassenderen Systems zum Ausdruck zu bringen. Dabei ist der physische Körper der „Reaktionsapparat" des innewohnenden feinstofflichen Ätherkörpers, der dazu dient, die geistige Wesenheit des Menschen mit dem universellen und spirituell übergeordneten Lebensträger, in dem wir leben, in Verbindung zu bringen.

2. Mit diesem physischen Körper eng verbunden und diesen bewusstseinsmäßig umhüllend besteht der feinstoffliche **„Ätherkörper" als Bewusstseins-Funktionsbereich des Psychischen und Mentalen**, über den der Empfang aller Lebensenergien erfolgt, denn dieser feinstoffliche Ätherleib ist dem „Zwitterwesen" Mensch neben seinem grob-physischen Körper als „geistiger Führer" mitgegeben worden. Und allein über dessen feinstoffliche Substanz werden die interdimensionalen Verbindungen als Lebensbedingungen der Menschen

aufrecht erhalten, indem sich jeder Mensch z.B. während des Schlafens nur in seinem Ätherkörper (Traumbewusstsein) aufhält, um neue „Lebensenergien" zu empfangen.

Es handelt sich dabei um „Resonanzen" zu anderen unsichtbaren Informationsfeldern. Dadurch ist der Mensch allein durch seinen **„Ätherkörper", seinem „Bewusstseinskörper",** mit allen Lebensformen und aller spirituellen Energieeinstrahlungen im gesamten Universum verbunden. Der Ätherleib ist allein der „Empfänger" der Bewusstseinsfrequenzen und mit dem physischen Körper eng verbunden, sodass man beide „Körper" als Einheit empfindet, wobei allein die „feinstoffliche Substanz" des Ätherleibes lediglich in Verbindung mit den physischen Voraussetzungen die Entwicklung im Leben eines jeden Menschen bestimmt. Denn der Mensch ist ein Doppelwesen, ein „Kentaur", in dem Leib und Seele untrennbar in einem Leben vereint sind. Neben diesen beiden Aspekten „Physis und Ätherleib" ist es noch das alles integrierende **Bewusstsein**, das in einem ICH zur Person wird.

„Der Mensch ist ein beseeltes Wesen, und all das, was sich aus der Tiefe unseres Inneren in uns vollzieht als der Wechsel unserer Gefühle und Stimmungen, unserer Erregungen und Leidenschaften, als der Drang unserer Triebe und Strebungen, als der Ablauf unserer Entscheidungen und Handlungen, als das Spiel unserer Vorstellungen und Gedanken, ist das, was wir Leben nennen; es ist das umgreifende Ganze, in das alles Seelische mit seine Mannigfaltigkeit eingebettet ist." (Phillip Lersch)

Physis, Bewusstsein und Ätherleib unterliegen im historischen Zeitverlauf einem ständigen Wandel, den sie als Entwicklung im großen Kreislauf des Universums durchlaufen, in dem die „Geschichte der Menschheit" nur eine kurze „Phase" in dieser universalen Bewegung ist. und Das bedeutet, dass neben der physiologischen Entwicklung des Menschen parallel dazu über den „Bewusstseinskörper" (Ätherleib) auch ein Bewusstseinswandel erfolgt. Dieser hat im Laufe der Menschheitentwicklung vom primitiven Wahrnehmen eines archaischen Bewusstseins über das magische und mythische bis zum heutigen mentalen Bewusstsein geführt. Diese vorherigen Bewusstseinsstufen wurden integriert und bildeten so immer wieder ein neues Bewusstsein, welches die Basis für eine weitere, über sie hinausführende Entwicklung darstellt. Insofern offenbart sich das Entwicklungspotenzial einer Bewusstseinsstufe erst nach und nach. Dabei bezieht unser Bewusstsein seine Informationen nicht nur über die äußeren Wahrnehmungen, sondern auch durch unmittelbare Verbindungen zu höheren Bewusstseinsdimensionen; das gilt als längst bewiesen. Dafür legen außersinnliche Wahrnehmungen wie Telepathie, Visionen, Präkognitionen oder „morphogenetische Felder" bereits gegenwärtig ein Zeugnis ab.

Überschaut man den Bewusstseinsstand der heutigen Menschheit, so stellt man fest, daß es von den archaischen Strukturen an (Aborigines, Pygmäen) über magische (Afrika) und mythologische (Indien) bis hin zu den mentalen Bewusstseinsstrukturen (Europa, Nord-Amerika) sie alle noch zeitgleich neben einander gibt. Die Bewusstseinsentwicklung ist also auf die gesamte Menschheit bezogen eine fließende, und sie umfasst gegenwärtig alle Stufen, wobei allerdings die jeweils höchste Bewusstseinsstruktur die für unsere Zeit bestimmende, weil integrierende ist. (Hier sei auf Jean Gebser und seine Schriften verwiesen.)

Die heutige Menschheit ist am Endpunkt der Bewusstseinsentwicklung dieses Äons angelangt. Diese Endphase, die Gebser zurecht als eine defizitäre bezeichnet, erscheint in ihrem Übergangscharakter zu einem neuen Bewusstseinsäon deshalb so chaotisch, weil die Auflösungserscheinungen des vergangenen einerseits und der Neuanfang der Bewusstseinsstrukturen andererseits sich in ihrer Gegensätzlichkeit nicht vereinen lassen. Das mit der neuen Population sich anbahnende neue Bewusstsein (Quantenbewusstsein) beschleunigt den Auflösungsprozess des alten Bewusstseins, um sich eigene, neue Strukturen zu schaffen. Das alte Bewusstsein schuf sich Strukturen und Lebensbedingungen, die sich in der Endphase als selbstzerstörerisch und nicht mehr wandelbar erweisen.

Die gegenwärtige Spätphase des mentalen Bewusstseins in der Welt zeigt diese Symptome einer Zerstörung deutlich und die Menschheit versucht sich sogar selbst als „Postmoderne" einzuordnen, womit gesagt ist, dass sie für sich keine Entwicklungsmöglichkeiten mehr sieht und in Ermangelung einer aktuellen Moderne ihre Zukunft bereits hinter sich glaubt. Hier ist die physis-gebundene Selbst-Identifikation des heutigen Menschen an ihrer unüberwindlichen Grenze angekommen. Mit dieser defizitären Endphase des mentalen Bewusstseins hat die adamitische Menschheit ihr Etappenziel zwar erreicht, um von nun an durch ein neues Bewusstsein, ein Supramentales oder integrales Quantenbewusstsein abgelöst zu werden. Diese Weiterentwicklung erfolgt zwangsläufig und ist mit der

Bewusstwerdung des bisherigen Bewusstseins verbunden, was bedeutet: **Das Erkennen des Bewusstseinsträgers, des Ätherleibs.**

I. TEIL

DER ÄTHERLEIB
nach Alice Bailey

„Die Allgegenwart Gottes hat ihre Grundlage in der „Potentia" des Universums, dem ÄTHER. Das ist ein Sammelbegriff, der den Ozean von Energien umfasst, die alle miteinander in Wechselbeziehungen stehen. Das Integral einer jeden Form im Universum ist der ÄTHERKÖRPER oder Bewusstseinskörper, denn nur darüber wird der Mensch bewusst gesteuert und ist mit jedem anderen Wesen des göttlichen Lebens verbunden. Die primäre Funktion des Ätherkörpers besteht darin, Energieimpulse aufzunehmen und weiterzuleiten; denn der Ätherkörper ist auch nichts anderes als Energie, und diese Energie geht von einer zentralen Stelle als universales Denken aus".
(Alice Bailey)

Diese **„feinstoffliche Substanz des Ätherleibes" als Bewusstseinsträger** ist den Menschen beim **„Abstieg des Bewusstseins"**[3] aus höheren spirituellen Dimensionen erhalten geblieben und bestimmt in Verbindung mit den physischen Voraussetzungen die Entwicklung im Leben eines jeden Menschen. Denn der Mensch ist ein Doppelwesen, ein „Kentaur", in dem Leib und Seele untrennbar im Leben vereint sind. Der physisch-biologische Leib ist der zeitlich begrenzte und sterbliche Funktionsbereich eines organischen Stoffwechsels und somit der Träger der gesamten Vitalität. Mit diesem physischen Körper eng verbunden und diesen umhüllend gibt es noch den feinstofflichen „Ätherkörper" als Funktionsbereich des Men-

---

[3] siehe Smigelski/„Schöpfung und Inkarnation" über Ab- und Aufstieg des Bewusstseins im Universum.

tal- Psychischen, worüber der Empfang aller Lebensenergien erfolgt. Dieser feinstoffliche Ätherleib ist dem „Doppelwesen" Mensch neben dessen grob-physischem Körper als „geistiger Führer" mitgegeben worden. Allein über dessen feinstoffliche Substanz werden die interdimensionalen Verbindungen für die Lebensbedingungen der Menschen aufrecht erhalten, indem sich jeder Mensch während des Schlafens nur in seinem Ätherkörper aufhält, um neue Lebensenergien zu „tanken": „und das ist unser „Traumkörper", in dem wir zwar auch Wahrnehmungen haben, die aber nicht mit der grobstofflichen Sinneswahrnehmung zu vergleichen sind; denn diese feinstofflichere Substanz ist dem Geistursprung viel ähnlicher. Und darum fließen über diesen „Körper" auch im Wachbewusstsein alle unsere Vorstellungen, Gefühle, Gedanken, Phantasien und unser gesamtes Denken".

Struktur und Bedeutung des Ätherkörpers / allgemeine Funktionen

Man hat den ätherischen Körper als ein mit Feuer durchwobenes Geflecht oder ein von „goldenem Licht belebtes Gewebe" bezeichnet. Die Bibel (Prediger 12, 6) spricht von ihm als „güldene Schale", nach welcher erst später der dichte physische Körper geformt wird, wobei gemäß dem Gesetz der Anziehung (Adhäsion) die Physis dazu gebracht wird, sich an das Energiemodell anzuheften, bis beide Formen einander vollkommen durchdringen und eine Einheit bilden.

„Das Ganze ist ein umfassendes System der Übermittlung und gegenseitigen Abhängigkeit, wobei der ätherische

Körper den Urtypus für den physischen Körper bildet. Der Kern des Ganzen ist die Seele selbst, die den Ätherleib belebt, über den die Lebendigkeit des grobstofflichen Körpers ermöglicht wird. Die Seele selbst ist nicht mehr feinstofflich, sie ist der Geistfunke aus dem Zentrum und das Allesbelebende der gesamten Schöpfung. Denn der Äther erfüllt den ganzen, endlosen „Raum" im Universum. Er ist die "Außenlebenssphäre des Geistes", der als geistige Speise alle Geschöpfe ernährt, und ist in jeder Seele der kondensierte Brennpunkt des Lebensgeistes schlechthin.[4]"

Der Ätherkörper ist in Wirklichkeit nichts anderes als „gebündelte Energie", weil seine feinstoffliche „Substanz" aus Myriaden von Kraftfäden oder winzigen Energieströmen besteht, die mit der Seele durch deren koordinierende Wirkung in Verbindung gehalten werden. Diese Energieströme üben ihrerseits wieder eine Wirkung auf den physischen Körper aus und veranlassen diesen zu der einen oder anderen Tätigkeit, und zwar je nach Art und Stärke der Energie, die den Ätherkörper gerade beherrscht. Die Funktion des Ätherkörpers besteht also darin, **Energieimpulse**, die das Leben selbst sind einerseits zu empfangen und andererseits an die Physis weiterzuleiten. Diese universalen Energien gehen ursprünglich vom spirituellen Zentrum aus und werden in hierarchischer Folge in der Schöpfung aufgefangen („angezapft"). Dabei werden diese höchsten Bewusstseins- Frequenzen aus der Quelle der Urenergie oder dem geistigen Zentrum über immer tiefer geschichtete Bewusstseinsdimensionen weitergeleitet. Sie erfahren innerhalb dieses **„Bewusstseinsabstieges"** bis hin zur Materie im Kosmos eine permanente Reduzierung, Umwandlung und Verdichtung.

---

[4] Jakob Lorber / Das große Evangelium Johannes

Diese „Verwandlung" gilt im Besonderen für das menschliche Bewusstsein, dem allein über seinem „Ätherkörper" alle Vorstellungen, Gedanken, Phantasien und Intuitionen vermittelt werden. Nur dem Ätherleib ist es möglich, die Weiterleitung aller Energieimpulse neben seiner Strahlen empfangenden Aufgabe auch zu den dafür parallelen Organen in der Physis zu erstellen. Diese Verbindungen sind es dann, die wiederum der Seele als „Verkehrsmittel" zwischen sich und dem Leib dienen, wodurch auf diese Weise die Sinne des Leibes wiederum zu „Leitzügeln" in den „Händen der Seele" zur Beherrschung des Leibes in der Außenwelt werden. Leider haben die meisten Menschen davon kaum eine Ahnung und werden erst in Zukunft über eine obligatorische Selbsterkenntnis einen allmählichen Zugang zu ihrer Seele erlangen. Denn die Seele enthält in sich alles, und der Mensch findet allein über sein Bewusstsein einen Zugang zu seiner Seele, denn nur über diesen „Geistfunken" steht der Mensch wieder in engster Verbindung mit der spirituellen Quelle selbst. Der Ätherleib ist dabei der **Bewusstseinskörper**, der von der Seele genau wie die Trägersubstanz der Physis belebt wird, wodurch zugleich der Mensch zum wahrnehmenden Repräsentanten seiner Vitalität (Lebenswillens) und seines Bewusstseins schlechthin wird.

Die Physis als biologischer Träger repräsentiert diese vitale Lebensenergie. Als sich entsprechende Paarungen gehören zusammen:

1. Physis als manifestierter Lebenswille schlechthin,
2. Seele und Liebe als Reibung und Formgebung,
3. Ätherleib und Bewusstsein als Ideenvorgabe (Geist).

Das Integral einer jeden gestalteten Form im Universum ist der ÄTHERKÖRPER, weil dieser eine Art „ spiritueller Schablone", also der idealtypische Vorentwurf eines grobstoflichen Körpers und somit zugleich der Urtypus ist, nach dem eine dichte real wahrnehmbare Form in der Schöpfung gestaltet wird. Darum gibt es im manifesten Kosmos nichts, was nicht auch jene feinstoffliche und nicht über physische Sinne wahrnehmbare, jedoch „substanzerfüllte Energieform" besäße, die jeden äußeren physischen Körper umhüllt, kontrolliert, beherrscht und in seinem Lebenszustand bestimmt. Der Ätherkörper ist quasi die zentrale Leitstelle für alle grobstofflich wahrnehmbaren Phänomene, aber zugleich auch nachträglich das feinstoffliche Prägungsergebnis eines Lebens; und das bedeutet, dass die Urenergien über den Ätherleib nicht nur die individuellen menschlichen Reaktionen bestimmen und folglich auch alle Wesensäußerungen der Menschen im täglichen Leben beherrschen, sondern dass die jeweils in irgendeinem Weltenzeitalter vorherrschenden planetarischen Energien ganze Epochen, Kulturkreise oder Völker dieser Welt dadurch mitgeprägt werden.

Die Entwicklung des Ätherleibes als Bewusstseinskörper.

Insofern macht auch der Ätherleib im Hinblick auf die Bewusstseinsentwicklung der gesamten Menschheit wie auch im Einzelfall eines menschlichen Lebens eine entsprechend parallele Entwicklung durch, die man in historischen Phasen aufteilen könnte:

Im ersten Stadium der Menschheit, in der archaischen Bewusstseinsphase vor ca. 12 Tausend Jahren, dienten die ätherischen Energieeinstrahlungen, die durch die reagenzfähigen Zentren des Ätherleibes strömten im wesentlichen zur Aktualisierung des endokrinen Drüsensystems und begannen erst allmählich auch eine Wirkung auf den Blutstrom auszuüben. Eine sehr lange Zeit hindurch wirkten diese Energien allein darüber. Daher auch das Bibelwort: „Das Blut ist das Leben." Das gilt zwar auch noch heute, denn der Lebensaspekt der Energiestrahlen „beseelt" nach wie vor das Blut mit Hilfe der Drüsen und ihrer Wirkfaktoren, doch daneben entfalteten sich im Laufe der Entwicklung noch andere **Energieeinstrahlungen** des Lebens. Das Blut ist lediglich in der ganz frühen Menschheit allein die älteste Funktion der ätherischen Strahlen-Energie über den Ätherkörper.

Denn der feinstoffliche Ätherleib durchzieht mit seinem „Netzwerk" jeden einzelnen Teil des physischen Körpers und ist so mit dem Nervensystem verbunden, das er „ernährt". Das erfolgt je nach dem Bewusstseinszustand, der Stärke des geistigen Strebens und der Entwicklungsstufe des Menschen. Auf diese Weise wird der dichte physische Körper, der aus Organen besteht, – von denen jedes sein individuelles Leben und seine Wirksamkeit hat – durch die Energien über den Ätherkörper zusammengehalten und ist deren reale Ausdrucksform. Der Ätherkörper hält so die Physis als eine wirksame Einheit zusammen. Dadurch sind alle Teilstrukturen miteinander verbunden, haben eine Beziehung zueinander und sind voneinander abhängig. Diesen unendlichen Kreislauf durchziehen Energie-Lichtströme von Form zu Form. Dieses Spiel der Energien erfolgt automatisch, denn es ist das Ziel der kreisenden

Energien, alle Teile eines Körpers mit Leben zu erfüllen, um die Entfaltung des Bewusstseins in ihnen zu fördern. Auf diese Weise schuf die einströmende Energie, die den Ätherkörper bildete, den notwendigen ätherischen Mechanismus über die dafür entsprechenden grob-physischen Organe in der Physis. Diese verbinden den Ätherkörper in seiner Gesamtheit mit dem ganzen zweifachen Nervensystem (dem cerebrospinalen und sympathischen). Dieses System, das die Grundlage der Nerven bildet, ist der eigentliche Reaktionsapparat, der über das Gehirn Mitteilungen an das Denkvermögen weiterleitet.

Durch diese einströmenden und wirkenden Energien wurden in der Folge vor allem die den Chakren auf dem Ätherleib entsprechenden analogen Organe im grob-physischen Körper erregt. Dieser ätherische Mechanismus wurde so über das Blut, die Nerven sowie in den Drüsen zum Übermittler zweier Energieaspekte: Der eine bewirkte dabei den physischen Stoffwechsel und die physische Entwicklung als Wachstum und der andere sorgte für eine permanente „Höherpotenzierung des Bewusstseins".

Zusammenfassung

Alle kosmischen Energie-Einstrahlungen werden innerhalb ihrer spezifischen Wirkungsbereiche und in ihren gestaltgebenden Impulsen durch übergeordnete universale Bewusstseinsenergien der spirituellen Hierarchie[5] mitbestimmt. Dabei unterliegen Physis und Ätherkörper einem unaufhörlichen Wandel. Das gilt nicht nur für die gesamte Menschheit, sondern auch für den

[5] Smigelski „Schöpfung"

Verlauf eines individuellen Lebens, in dem sich der Ätherkörper verändert, um auf immer höhere Energieneinstrahlungen anzusprechen, was parallel im physischen Körper ebenfalls entsprechende Veränderungen zur Folge hat, da ja das Netzwerk des Ätherkörpers jeden einzelnen Teil des physischen Körpers durchzieht, der wiederum über das parallele Nervensystem energetisch „ernährt" wird. Der Empfang dieser einströmenden Energien entspricht immer dem jeweiligen Level eines Bewusstseins und der Intensität des geistigen Strebens eines Empfängers. Transformatoren sind dabei die Chakren, die sich nicht im grob-physischen Körper befinden, sondern ausschließlich von ätherischer Substanz und somit Elemente des Ätherkörpers sind.

Ätherkörper ist das zentrale Sammelbecken

für alle inneren Energien des Körpers. Seine übermittelte Energie besteht daher nicht aus reiner „Vitalität", sondern ist durchtränkt mit den Qualitäten all der Kräfte, die aus den spirituellen Bewusstseinsdimensionen kommen. Diese „qualifizierenden Kräfte", die ja das Karma des Einzelmenschen anzeigen, sind letzten Endes im Leben die hauptsächlich bestimmenden Kräfte. Sie geben die erreichte Entwicklungsstufe eines Menschen an und lassen erkennen, welche Bereiche seiner Persönlichkeit schon „erweckt" sind.

Der Entwicklungsverlauf ist für die beiden Aspekte verschieden und nicht immer „zeitlich" parallel und deckungsgleich. In diesem permanenten Umwandlungsprozess gibt es sowohl im Bewusstsein, als auch im äußerlichen Erscheinungsbild des

Menschen und der gesamten Menschheit eine Art „Höherentwicklung".

Jean Gebser[6] erfasste und benannte diese Bewusstseinsentwicklung in wechselnden Zeitepochen, die sich vom archaischen Bewusstsein über das magische und mythologische bis hin zur Gegenwart als mentales Bewusstsein, das gegenwärtig in ein neues Äon übergeht, auflisten lässt. Heute steht die Menschheit genau wie vor ca. 12.000 Jahren wieder vor einem totalen **Bewusstseinswandel**, wodurch sich die letzte Epoche des mentalen Bewusstseins in ihrer defizitären Endphase befindet, um sich im folgenden nächsten Äon erneut einer weiteren Transparenz für höhere Frequenzen eines integralen, supramentalen Bewusstseins zu öffnen, welches endlich dann ins „**Quantenbewusstsein**" münden wird. In diesem permanenten Umwandlungsprozess der Menschheit handelt es sich hinsichtlich der **Physis** weniger um Mutationen des Genmaterials als vielmehr um das Erwecken bisher latenter Gene zu Gunsten anderer, die dafür an Aktualität verlieren. Hinsichtlich des Bewusstseinswandels bedeute das, dass dieser sich primär auf eine Veränderung des **Ätherleibes** beziehen wird und diesen zum **alles im Leben bestimmenden Bewusstseinskörper** machen wird.

Hinsichtlich der Entwicklung des Ätherleibes stellt sich die Frage, was ist vom Ätherleib bei der Geburt des Menschen als „Rohstoff" bereits vorgegeben. Es handelt sich lediglich um eine latente Bewusstseinsanlage, die wiederum im Leben als Energietransfer existiert. Es ist zwar keine Energiebündelung, sondern mehr eine Art Bewusstseinsschablone, genauso wie

---

[6] „Ursprung und Gegenwart"

die Physis auch bei der Geburt als Voraussetzung für ein Leben dient und aus dem heraus erst ein Mensch erwächst. Man könnte annehmen, dass diese „Veranlagung" normalerweise bei allen Menschen bei der Geburt gleich sei, was sie aber nicht ist, sondern sehr wohl sehr unterschiedlich hinsichtlich des Geschlechts und hinsichtlich der Entwicklungsmöglichkeiten eines späteren Bewusstseinslevels ist; denn die Menschen besitzen nicht nur verschiedene Anlagen, Temperamente und Talente, sondern äußerlich auch sehr unterschiedliche Phänobilder, wovon die Entfaltung des Ätherleibes abhängig ist, denn dieser Bewusstseinskörper wächst, bzw. bildet sich im Leben erst heraus und **darin liegt die eigentliche individuelle Unterscheidung der Menschen.**

Genau wie sich der physische Körper entwickelt und wächst, so auch parallel dazu der Ätherleib und zwar mit dem Beginn des **Ich-Bewusstseins,** das quasi der Antipode zum Ätherleib ist, denn das Ich steuert alle Horizontalbezüge, der Ätherleib empfängt dagegen die Bewusstseinsbezüge und über ihn erfolgen für die horizontalen und vertikalen Funktionen alle Energiezuflüsse, wobei die Seele versucht, Impulse vor allem für alle vertikalen Einflüsse zu vermitteln. Doch die Menschen identifizieren sich meist nur mit den weltlichen Horizontalbezügen, und dabei bleiben alle Bemühungen der Seele auf der Strecke. Allerdings machen die Reibungen zwischen diesen beiden Instanzen das wahre Leben aus; sie sind **der Wirkungsansatz für die Liebe**, wobei der **Ätherleib letztendlich dann das Prägungsergebnis eines Lebens ist** und somit nach dem Tod, nach dem Absterben der Physis, der alleinige „Träger" der Seele und des Bewusstseins bleibt. Im Laufe des Lebens bildet sich der Ätherkörper zum Transmitter der Energien aus, nachdem er selbst durch die Seelen- und Gedankenkräfte geprägt worden ist und erst danach als Feedback, „Wechselspiel" die empfangenen Energien an den Körper weiterleitet. Denn der physische Körper ist kein Prinzip. Nicht er diktiert, sondern ihm wird diktiert - das wird oft vergessen. Denn nur wenn die „Bilde-Energien der Seele" im Körper tätig sind, besteht Gesundheit, ungetrübtes Wechselwirken und rechte Aktivität.

Im Ätherleib als Prägungsergebnis eines Lebens prägen sich alle karmischen Muster ein, die auch nach dem Sterben erhalten bleiben. Dieser Ätherleib wird somit durch alle Vorgänge **des Fühlens und des Denkens** geprägt und ist **das einzig wahre Ergebnis** eines Lebens. Im Jenseits ist er der Träger der Seele als einzige wirkliche Realität. Leider verhindert der physische Körper im Leben die Auflösung aller Emotional- und Mentalverhaftungen, die dann im Jenseits abgetragen werden müssen.

Die Chakren, das Nerven- und das endokrine Drüsensystem

Der Ätherkörper als „substanzerfüllte Energieform" umhüllt und durchdringt also den grob- physischen Körper, worüber der Mensch in die Lage versetzt wird, auf die ein- und ausströmenden Energien, bzw. auf Energiestöße, die aus der Umwelt wie auch aus dem Inneren eines Menschen selbst kommen, zu reagieren.

Der dichte physische Körper, der aus Zellen besteht, von denen jede ihr „individuelles" Leben, ihr Licht und ihre Wirksamkeit hat, wird durch dieses Energienetz des Ätherkörpers zusammengehalten, ernährt, überwacht und mit Energie erfüllt und ist so dessen manifeste Ausdrucksform. Quasi als „Spiegelbild" korrespondiert mit diesem fein verzweigten „Meridianen" des Ätherkörpers im physischen Körper das Nervensystem, welches als physiologisches Netz im Körper für die Weiterleitung von Energien und Kraftströmen sorgt; es ist die äußere parallele Erscheinungsform des inneren, lebendigen, feinstofflichen Geflechtes des Ätherkörpers[7]. Das Nervengeflecht ist das physische Abbild, der „negative" (im Sinne von passiv empfangende) Aspekt, der „positiven" (aktiv sendenden) Energien, die das Leben eines Menschen bestimmend beeinflussen. Die vom Nervensystem empfangenen Energien werden dann an das endokrine Drüsensystem weitergeleitet, welches wiederum das greifbare exoterische Übertragungsorgan für alle Aktivitäten im Körper ist; und dieses Drüsensystem besteht aus sieben Hauptdrüsen, die wiederum zu den sieben Chakren des Ätherleibes gleichgeschaltet sind.

Diese drei Strömungssysteme (Chakren, Nervensystem, endokrines System) sind eng miteinander verbunden und bilden ein Ineinander greifendes Leitsystem für Energien und Kräfte, die das gesamte Lebensprinzip darstellen. Von ihnen hängen Harmonie und Vitalität des Körpers ab. Zu diesen drei Systemen kommt noch der Blutstrom als Übermittler der Lebensenergie hinzu. Über diesen werden jedem Teil des physischen Trägers spezielle Energien zugeführt, wobei der Blutstrom bestimmte, von den Drüsen abgesonderte Elemente enthält.

Die Chakren sind dabei die empfangenden Lebensenergiezentren und Übertragungsmodule für die unterschiedlichen Energi-

---

[7] vgl. Traditionelle Chinesische Medizin, z.B. Akupunktur, Meridiane

en, die über den Ätherkörper in den physischen Körper einfließen. Sie sind quasi Relais für die Aufnahme und Verteilung von Energien, ohne die kein Mensch leben könnte. Dafür besteht der Ätherkörper aus ineinander greifenden und umlaufenden Kraftlinien, die wiederum mit den sieben Chakren oder Kraftzentren verbunden sind, wobei jedes dieser Kraftzentren zu einer bestimmten Art von einströmender Energie eine Beziehung hat und durch diese „erregt" wird. Wenn eine Energie, die den Ätherkörper erreicht, keine Resonanz zu einem besonderen Zentrum findet, dann bleibt dieses Zentrum in Ruhe und unerweckt. Wenn aber eine Energie analoger, „verwandter Art" ein Zentrum für ihre Einwirkung empfänglich macht, dann kommt dieses Zentrum in Schwingungen und wird aufnahmefähig. So werden unaufhörlich und ohne zeitliche Unterbrechung alle Energiezentren durchpulst, verändert und mit Kraft erfüllt.

Diese sieben Zentren befinden sich „ausschließlich" in der feinstofflichen Substanz des Ätherkörpers und nicht im grob-physischen Körper, stehen aber mit diesem in enger Verbindung durch das Netz der Nadi[8], über das wiederum alle Energien auf das physische Nervensystem übertragen werden und das Drüsensystem mit Energie versorgt wird. Dabei versorgt jedes dieser Zentren die entsprechende Drüse mit bestimmten Energien, wobei die jeweilige Drüse wiederum die sichtbare Reproduktion des betreffenden Zentrums repräsentiert.

---

[8] Mit Nadi (Sanskrit = Kanal, Röhre) werden im Yoga und im Tantra feinstoffliche Energieleitbahnen bezeichnet, die den Körper durchziehen und mit Prana (Lebensenergie) versorgen (ähnlich dem Prinzip der Meridiane in der Traditionellen Chinesischen Medizin). Der Begriff Nadi wird wahrscheinlich abgeleitet von der Wurzel nad = Bewegung, Antrieb, Schwingung. In den alten Schriften finden sich unterschiedliche Angaben zur Anzahl der Nadis (350.000). In der Yogapraxis sind aber nur die drei Hauptleitbahnen, genannt Sushumna, Ida und Pingala, von Bedeutung. Die meisten Nadis entspringen dem „Kanda" am Beckenboden.

Die in ein Zentrum einströmenden Energiestrahlen werden also über die Chakren in aufbauende Kräfte umgewandelt. Bei diesem „Umwandlungsprozess" spielt die Rotationsgeschwindigkeit der Chakren eine entscheidende Rolle, welche die Stärke der daraus sich ergebenden Kräfteansammlung und die Wirkung der Strahlungstätigkeit auf den grob-physischen Körper bestimmt. Davon hängt wiederum ab, wie weit ein betreffendes Zentrum entfaltet, bzw. noch nicht erweckt ist. Die von einem Zentrum ausgehenden Energien wirken dann auf das ätherische „Spiegelbild" des gesamten komplizierten Nervensystems ein.

Diese parallelen oder subjektiv-identischen Entsprechungen der Nerven werden in der Hindu-Philosophie „Nadi" genannt. Sie bilden ein kompliziertes, weit ausgedehntes und nicht greifbares „Netz beweglicher Energien", ein inneres System, das mit dem der körperlichen Nerven parallel läuft und quasi eine äußere Verdichtung eines inneren Energiegefüges zu sein scheint. Es gibt bis jetzt noch kein Wort, das die alte Bezeichnung „Nadi" ersetzen könnte, da man die Existenz dieses subjektiven Systems noch nicht nachweisen kann und nur die Annahme besteht, dass das Nervensystem selbst infolge der Bedingungen im Körper darüber entstanden sei. Wenn man jedoch einst dieses feinstoffliche aus Energiefäden zusammengesetzte Netz, die den Nerven zugrunde liegt, anerkennt, wird man dem Problem der Psychosomatik und damit auch der Welt der Ursachen aller Wirkungen einen großen Schritt näher kommen. Denn dieses Netz von Nadis bildet immer ein bestimmtes Lebensmodell ab, das je nach dem Bewusstseinslevel einer Persönlichkeit variiert.

Kommentar:

In diesem Zusammenhang kann man feststellen, dass das Leben die Strukturen und Wirkungen der Chakren einschränkt, indem es sie quasi verschließt – darum ist es die Aufgabe, die Chakren zum Drehen zu bringen (zu aktivieren) und sie somit effektiv für die Bewusstseinserweiterung einzusetzen. Leider sind die Beschreibungen, die Versiegelung der Chakren zu lösen, sehr theoretisch. Diese lassen sich nämlich über die angebotenen Methoden so nicht lösen, sondern nur allein über die bedingungslose Bereitschaft des Loslassens.

Der physische Körper ist ein bloßer Automat, der den Impulsen eines feineren Körpers folgt, *dessen Energien die erreichte Entwicklungsstufe genau und zuverlässig anzeigen. Diese Entwicklungsstufe mag sich als Vorherrschaft der Seele oder des Ätherleibes manifestieren. Der Ätherkörper ist jedoch so eng mit dem physischen Körper verwoben, dass es nahezu unmöglich erscheint, die beiden im Bewusstsein zu trennen; dies wird erst dann möglich werden, wenn die Wissenschaft von der ätherischen Energie und die Entwicklung hellsichtiger Wahrnehmung die Wahrheit des hier gesagtem beginnt zu beweisen.*

Bei allen Einstrahlungen werden also Energiequantität sowie Energiequalität, die jeden Aspekt des Nervensystems beherrschen und auf den gesamten Körper einwirken, durch das unmittelbar „empfangende Zentrum" (Chakras) mitbestimmt, obwohl deren Aufgabe primär nur eine Verteilungsstelle ist.

Dabei beeinflusst die Energie-Einstrahlung nicht nur das jeweilige physische Zentrum, das am stärksten auf die Qualität und die Art der Energie anspricht, sondern auch die unmittelbar benachbarten „Gefühls- und Mentalbereiche" eines Menschen und zwar nach Maßgabe und Level seines psychischen Bewusstseinszustandes, sowie der Stärke seines spirituellen Höherpotenzierungstrebens; denn nur entsprechend der spirituellen Entwicklungsstufe eines Menschen kann auch die empfangene Energie, an das äußere Nervensystem herangeführt und weitergeleitet werden.

Entscheidend ist es daher bei der Aufnahme von Energien, welche der Chakren bei einem Menschen überhaupt aktiviert werden können. Bei den meisten Menschen sind fast nur die unteren Chakren aktiv, darum auch ihre noch immer zu stark ausgeprägte Animalität. Das wird sich aber zukünftig im Neuen Menschen ändern, der seine vorwiegend vitalitätsorientierte Ausrichtung zu Gunsten einer mehr spirituellen Ausrichtung überwinden wird. Es ist darum wichtig, dass man versucht, sich alle Chakren **bewusst** zu machen, um selbst das Wechselspiel zwischen Physis und Ätherleib zu aktivieren. Denn letztendlich bestimmt allein das Bewusstsein über die Art des Chakren-Zusammenspiels der beiden „Körper": einerseits stellt es dem biologisch-physiologischen Körper, der Träger der Sinne und für die phänomenologische Darstellung in der Frequenz dieser Erde von Bedeutung ist, Energien für die Vitalität und permanente physiologische Umwandlung bereit, und andererseits führt es dem **feinstofflichen Ätherleib**, der selbst „feinstoffliche Substanz" ist, über das **Quantenbewusstsein** spirituelle Eingaben zu , die aus anderen Frequenzbereichen stammen und die Verbindung mit dem spirituellen Zentrum herstellen.

Zusammenfassung

Die Chakren bestimmen also Art und Qualität des Empfangs und der Weiterleitung im ausgedehnten Nervensystems und dessen Geflechten, die sich über den ganzen physischen Körper erstrecken. Vor allem aber muss man immer bedenken, dass der Ätherkörper in feinstofflicher Substanz dem Bewusstsein und der Physis absolut parallel entspricht. Wenn das anerkannt wird, wird man auch mehr Klarheit über die Funktionen im physischen Körper gewinnen, indem man lernt, das Wechselspiel zwischen diesen beiden – dem Ätherleib und dem Nervensystem – verstehend zu beherrschen. Denn die Chakren mit ihren Nadis (Energiekanäle) als „Ätherleibaspekt und die Nerven als „Körperaspekt" als deren gemeinsame, physisch sichtbare Ausdrucksform bestimmen wiederum das endokrine System und machen den Menschen auf der physischen Ebene zu dem, was er ist. Denn nur sie sind der Verbindungskanal zu den „spirituellen Bewusstseinseinstrahlungen", die eine „Höherpotenzierung überhaupt ermöglichen. Immer wenn eines der Chakren voll „aktualisiert" worden ist, zeigt dies den Standort des Menschen auf der „Evolutionsleiter" an; denn dabei üben die auftreffenden Strahlen auf ein Zentrum immer auch eine Wirkung auf das umliegende physische Gewebe, auf die Substanz und die organischen Formen aus, die im Einflussbereich dieses Zentrums liegen.

Erst wenn sämtliche Zentren im Körper erweckt sind, dann ist das Nervensystem ständig stark **elektro-magnetisch aktiv** und reagiert unmittelbar und augenblicklich auf die Energie, die durch die Nadi übertragen wird, und das hat wiederum ein wohlausgeglichenes endokrines System zur Folge, weil die Lebenskraft durch den gesamten Körper strömt und den gesamten physischen Körper harmonisiert.

Die 7 Chakren und ihre Korrespondenz mit dem Nervensystem und den Drüsen

Der Ätherkörper des Menschen hat sieben wesentliche Energiezentren, durch die Energien verschiedener Typen fließen und die seine psychische Tätigkeit hervorrufen. Die „Chakren" sind rotierende Energiewirbel auf dem Ätherleib, die über die feinstofflichen Vernetzungen auf das gesamte Nervensystem einwirken, wodurch ein immer intensiverer und bewussteren Bezug zur gesamten Bewusstseinsentwicklung der Menschheit über den emotionalen hin zum mentalen Bereich erfolgte und auf das gemeinsame soziale Leben der Menschen gravierende Auswirkungen hatte. Mit der letzten bewussten Aktualisierung des „Mentalbereichs" vor ca. 3.000 Jahren (Beginn der mentalen Bewusstseinsphase), verwandelten die einströmenden Energien über den Ätherkörper die grob-physischen Entsprechungen dahingehend, dass sie für höhere Bewusstseinsaspekte und Sinnzusammenhänge der Menschheit verfügbar wurden.

1. Das Zentrum an der Basis der Wirbelsäule

wird vor allen anderen vom Gesetz des vitalen Daseins beherrscht und gelenkt. Dieses Zentrum liegt am unteren Ende der Wirbelsäule und unterstützt als Basis alle anderen. Es wird erst durch einen Willensakt zur vollen Tätigkeit angeregt und ist in der menschlichen Inkarnation die treibende Kraft, die den

Trieb zum Leben beherrscht und dessen Wirkungen hervorbringt. Es ist das Lebensprinzip schlechthin. Dieses Basiszentrum ist der Punkt, an dem sich nach dem Evolutionsgesetz im Menschen Geist und Materie begegnen, und das Leben mit der Formgestaltung in Verbindung tritt. Es ist also das Zentrum, wo sich die Dualität der manifestierten Göttlichkeit als Mensch zusammenfindet und sich über eine Form manifestiert. Der Ätherleib als Träger der Seele geht mit der Physis eine Fusion ein, eine Verbindung, die gleichsam das Abbild von „Welle und Teilchen" ist, nämlich die Verbindung der zwei heterogenen Bereiche von „Geist und Materie" in Einheit.

2. Das Sakralzentrum

Es hat seinen Sitz im unteren Teil der Lendengegend und beherrscht das Geschlechtsleben. Dieses Zentrum wird so lange kraftvoll und wirksam in der Menschheit bleiben, bis zwei Drittel der Menschheit eine Höherpotenzierung im neuen Äon (ca.9 Tausend Jahre) erreicht haben werden, denn die Zeugungsprozesse müssen noch aktiv weitergehen, um für die neu zu inkarnierenden Seelen genügend Körper zu bieten. Aber in dem Maß wie die Menschheit voranschreitet, wird dieses Zentrum immer mehr von seiner ursprünglichen Bedeutung verlieren, und seine Aktivität wird auf Grund von Erkenntnissen, Inspiration und höherer, feinerer Kontakte kompensiert werden können. Die Symbolik des Sakralzentrums betrifft vor allem die physische Formgestalt eines Menschen, und es ist vielleicht von allen anderen dasjenige Zentrum, durch das die Kräfte der individuellen Erscheinung eines Menschen schließlich zum Ausdruck kommen und durch welches das gesamte Problem der Dualität im Kosmos gelöst werden muss. Die Lösung dafür wird allerdings aus dem mentalen Bereich kommen, denn nur dadurch werden die physischen Reaktionen unter Kontrolle gebracht werden können. Das Sakralzentrum steht daher in enger Beziehung zur Erscheinung und zeugend-schöpferischen Vitalität des Menschen. Die verdichtete physische Ausdrucksform für dieses Zentrum sind die **Keimdrüsen**, die Zeugungsorgane, wenn man sie als grundsätzliche Einheit betrachtet, obwohl sie in zweifacher Form (männlich und weiblich) bestehen. Aus dieser Getrenntheit erwachsen ein mächtiger Impuls zur Verschmelzung und ein Drang nach Vereinigung. Der Geschlechtstrieb ist vorerst primär im rein physischen Sinn das instinktive Verlangen nach Einssein, ist jedoch in einer höheren Bewusstseinsoktave auch das der Mystik innewohnende Prinzip des Einsseins mit dem Göttlichen.

3. Das Solarplexuszentrum

Es liegt in der Mitte des Menschen hinter dem Bauchnabel und ist besonders aktiv. Denn der Solarplexus ist die zentrale treibende Kraft im Menschen, dessen Bewusstwerdung am Beginn der gesamten Menschheitsgeschichte eine Art Initialzündung erfuhr. Dieses Zentrum ist das „Ausfalltor", durch das die extravertierte Energie in die äußere Welt strömt. Es ist das Organ des Verlangens und Wollens und besitzt darum die größte Bedeutung im Leben des Durchschnittsmenschen.

Das Solarplexuszentrum ist eine große Sammel- und Verteilerstelle für alle Zentren unterhalb des Zwerchfells und somit der Empfänger und Verteiler aller Begierdenimpulse und emotionalen Reaktionen und zugleich jenes Zentrum im Ätherkörper, durch welches das gesamte Dasein eines durchschnittlichen, unerleuchteten Menschen in seinen Wünschen bestimmt wird.

Durch dieses Zentrum fließen die meisten jener Energien, die zum äußeren Fortschritt, Erfolg und zur Macht im Leben eines Menschen beitragen und darum auch den Menschen in ständiger Bewegung und Unrast halten. Das Solarplexuszentrum ist also der große „Unruhestifter" im Körper, wodurch sich auch die gesamte Region unmittelbar unter dem Zwerchfell bei den meisten Menschen in einem Zustand ständigen „Aufruhrs und größter Verspannung" befindet.

Die verdichtete äußere Form dieses Zentrums im physischen Körper ist die **Bauchspeicheldrüse (Pankreas)**. Die Beherrschung des „Solarplexus-Chakra" sowie das richtige Empfangen der dort konzentrierten Energien würden alle lebenswichtigen Organe gründlich reinigen, außerordentlich stärken und allen einen sehr wesentlichen Schutz geben. Denn als Zentrum der Synthese sammelt und bindet es in der Höherentwicklung eines Menschen alle niederen Energien in sich und ist somit tatsächlich ein Hilfswerkzeug für die Integration eines Menschen. Denn das Hauptproblem eines zwar hoch entwickelten intelligenten, aber noch nicht geistig eingestellten Menschen liegt in seinem Verlangen oder Begehren. Je nach der Wesensart dieser Strebungen und Energien, die seine Gedanken auf den Solarplexus einwirken lassen, werden auch seine Handlungsentscheidungen sein: entweder auf dem inneren Pfad, auf der Suche nach der eigenen Seele vorwärts zu schreiten oder egozentrisch in den Verhaftungen seines Ich stehen zu bleiben und den niederen Weg einzuschlagen, der unweigerlich zum Erlöschen allen Seelischen (Spirituellen) führt. Die Beherrschung des Solarplexus ist darum als Gegenspiel introvertierter Spiritualität ein ganz wesentliches Ziel auf dem spirituell-inneren Weg, weil „Begierde" in geistiges Streben umgewandelt werden muss.

Diese drei ersten Chakren: das Solarplexuszentrum, das Sakralzentrum und das Zentrum an der Basis der Wirbelsäule befinden sich alle unterhalb des Zwerchfells. Die weiteren folgenden vier Chakren dagegen oberhalb des Zwerchfells, das quasi eine Scheidewand innerhalb des Körpers darstellt. Das Zwerchfell symbolisiert im menschlichen Körper einen deutlichen Unterschied zwischen den höheren mentalen und spirituellen Bereichen und den niederen, so genannten physischen-animalischen Bereichen. Denn unterhalb des Zwerchfells befinden sich jene Organe, deren Gebrauch viel stärker im Allgemeinen und Objektiven liegt, auch wenn sie von gleicher Wichtigkeit sind; denn alle diese „unteren Organe", die ihr eigenes Leben und ihren eigenen Zweck haben, werden permanent in ihrem Dasein und ihrer Wirksamkeit durch den Rhythmus, der aus dem oberen Teil des Körpers kommt, beeinflusst und bestimmt. Das ist z.B. gut bei körperlichen Einschränkungen zu beobachten: denn jede ernsthafte „Begrenzung" oberhalb des Zwerchfells hat eine zwingende und bedenkliche Auswirkung auf alles Physische, was unter dem Zwerchfell liegt. Das umgekehrte gilt nicht in demselben Ausmaß und symbolisiert zugleich die Wirkkraft, Bedeutung und wesentliche Beschaffenheit des Ätherkörpers. In der heutigen Menschheit ist von diesen drei unteren Chakren das Solarplexus-Zentrum wohl das wichtigste, das Sakralzentrum das am stärksten ausgeprägte und vom heutigen Bewusstseinslevel aus gesehen ist das Basiszentrum das am wenigsten aktive Zentrum im gesamten Körper. Das Zwerchfell trennt also den Teil des Körpers, der das Herz, die Kehle, den Kopf und die Lungen enthält, von allen übrigen Körperorganen. Diese Bereiche oberhalb des Zwerchfells bestimmen das bewusste Leben der Menschen, denn nur das, was im Kopf beschlossen wird (Wille, Verstand), vom Herzen den

Impuls (Liebe) erhält, vom Atem (Geist) ausströmt und durch den Kehlkopf zum Ausdruck (Manifestation) gebracht wird, bestimmt, was ein Mensch ist .

4. Das Herzzentrum

Es entspricht der geistigen Quelle von Emotionen und Gefühlen und ist der Schlusspunkt jenes Vorganges, bei dem die emotionale Natur mit ihrer besonders hervortretenden Qualität des Verlangens im Leben unter die Herrschaft spiritueller Energien gebracht wird wandelt das zugleich das Begehren des niederen Selbst in Gefühle um. Dieses Zentrum bestimmt die Verteilung der spirituellen Energie und ist für die Herstellung eines Bezuges zwischen der sich langsam entwickelnden gesamten Menschheit zu einem höheren Bewusstsein verantwortlich.

Denn nur wie ein Mensch in seinem Herzen denkt, so ist er wirklich. Dieses Zentrum ist für die Verteilung der **universellen spirituellen Energie** zuständig. Dieses „Herzdenken" wird allerdings erst dann möglich, wenn man es schafft, die Begierde in zuneigende Barmherzigkeit umzuwandeln, was auf Erden bisher nur die Heiligen geschafft haben. Von den meisten Menschen wird leider das „Fühlen im Herzen" oft mit einem „wünschenden Denken" verwechselt. Eine wahre „Umwandlung" kann im Leben nur erreicht werden, wenn man sich selbst erkennt und dann daran arbeitet, die „animalischen" Kräfte über den Solarplexus in das Herzzentrum zu erheben. Erst wenn dieser höhere Aspekt des Herzzentrums tatsächlich wirksam geworden ist, tritt das Denken als Ergebnis richtigen „Fühlens" an die Stelle persönlicher und subjektiv-gefühlsduseliger Empfindungsfähigkeit. Das wirkliche Herzdenken bringt dem Menschen die ersten schwachen Anzeichen für jenen Daseinszustand, den man das supramentale oder integrale Bewusstsein nennen könnte und tritt in eine wesentliche Beziehung immer zur gesamten Persönlichkeit, weil darüber automatisch eine Verbindung mit dem holographisch-spirituellen Quantenbewusstsein" zustande kommt. Nur dadurch wird die Koordinierung und ein direkter Kontakt zwischen Ich und Seele hergestellt. Seine verdichtete physische Ausdrucksform ist die **Thymusdrüse**. Von dieser kleinen Drüse weiß man noch wenig, denn die Eigenschaften ihres Sekretes konnten bisher noch nicht genau bestimmt werden. Diese Drüse ist in der Jugend für das Wachstum bedeutungsvoll und scheint in dieser Funktion beim Erwachsenen eher wirkungslos zu sein. Wenn allerdings die Thymusdrüse beim Erwachsenen über den „Inneren Weg" wieder aktiviert wird, beginnt sich der göttliche Plan in diesem Menschen auszuwirken. Das ist dann der erste Schritt zu einer „holographischen Gesamtschau".

5. Das Kehlzentrum

Dieses Zentrum liegt an der hinteren Seite des Halses und reicht nach oben bis zum verlängerten Mark – wobei die Karotisdrüse inbegriffen ist – und nach unten bis in die Gegend der Schulterblätter. Beim Durchschnittsmenschen ist es außerordentlich kraftvoll und gut entwickelt. (In diesem Zusammenhang ist folgende astrologische Feststellung interessant: Das Kehlzentrum wird von „Saturn" regiert, so wie das Kopfzentrum von „Uranus" und von „Merkur" beherrscht wird:) Uranus, Merkur und Saturn ergießen ihre Energien durch diese „geistigen Kontaktstellen" auf der physischen Ebene in die fest gegründete Sphäre von Physis und Ätherleib, die der Mensch in Zeit und Raum besitzt. Diese Beziehungen haben einen wesentlichen Einfluss auf jeden intelligiblen Entwicklungsschub im Leben eines Menschen, wobei das Kehlzentrum das Organ für die Verteilung schöpferischer Energie ist. Es ist im Menschen das Zentrum, durch das sich das Denken als selbsterkennende Spiritualität im Menschen schöpferisch konzentriert. Die verdichtete physische Ausdrucksform dieses Zentrums ist die **Schilddrüse**. Sie ist für das Wohlergehen des heutigen Durchschnittsmenschen von größter Bedeutung. Ihr Zweck besteht darin, die Gesundheit zu bewahren und bestimmte wichtige Aspekte der physischen Natur und der Psyche im Gleichgewicht zu halten.

6. Das Stirnzentrum

Dieses Zentrum liegt zwischen den Augenbrauen gerade über den Augen (in Indien eine häufige Zeichnung als Punkt auf der Stirn). Es ist die Ausdrucksform einer integrierten Persönlichkeit und das Zentrum für die Energieverteilung aktiven Bewusstseins. Es ist mit der Persönlichkeit durch den schöpferischen Lebensfaden verbunden und steht daher in enger Verbindung mit dem Kehlzentrum (dem Zentrum schöpferischer Aktivität). Ist einmal ein aktives Wechselspiel zwischen Stirn und Kehlzentrum hergestellt, so bewirkt dies, dass ein solcher Mensch bereits ein schöpferisch-spirituelles Leben führt und die göttliche Idee in höchster Form einer spirituellen Vorstellung (Phantasie) zum Ausdruck bringen könnte. Die verdichtete physische Ausdrucksform ist die **Hypophyse**, weil dieses Organ die dynamischen Triebkräfte hinter allem Erschaffenen repräsentiert und die Hypophyse das Organ der „veredelten, sublimierten Energien des Verlangens nach Erlösung" ist. In der Meditation verwandelt die Hypophyse Kohlenstoffelemente in Silizium, was eine Erweiterung des Bewusstseins zur Folge hat, aber nur dann, wenn Silizium als Produkt einer „Umwandlung" in einer Art Stoffwechsel im Körper „erzeugt" und nicht medikamentös zugeführt wird.

7. Das Kopfzentrum

Sein Sitz ist am Scheitel des Kopfes und die entsprechende physische Ausdrucksform ist die **Zirbeldrüse**. Diese ist im Kindesalter solange stellvertretend in Funktion, bis der Wille zum Sein genügend stark ausgeprägt ist und der inkarnierte Mensch sich im physischen Körper fest verankert hat. Auch in den letzten Entwicklungsstadien eines Menschen tritt diese Drüse wieder in Tätigkeit und dient als Ausdrucksmittel für die Energie des Strebens eines vollendeten Daseins auf Erden. Es ist auch ein Organ der Synthese und dient dazu, einen Menschen bewusst mit seiner Seele in Verbindung zu bringen; denn darüber vereinigen sich in ihm die Energien des schöpferischen Willens und des spirituellen Bewusstseins, womit die Synthese der göttlichen Aspekte im Menschen wieder hergestellt ist. (Für eine dieses Streben unterstützende „Einstrahlung" spiritueller Energien sollte den Mönchen die Tonsur als eine Art äußerer „Öffnung" dienen und ihnen dadurch zur „Höherpotenzierung des Bewusstseins" verhelfen).

Zusammenfassung

Alle kosmischen Energie-Einstrahlungen werden über die Chakren des Ätherleibes innerhalb ihrer spezifischen Wirkungsbereiche und in ihren gestaltgebenden Impulsen mitbestimmt. Dabei unterliegen Physis und Ätherkörper einem unaufhörlichen Wandel. Das gilt nicht nur für die gesamte Menschheit, sondern auch für den Verlauf eines individuellen Lebens, in dem sich der Ätherkörper verändert, um auf immer höhere Energieeinstrahlungen anzusprechen, was parallel im physischen Körper ebenfalls entsprechende Veränderungen zur Folge hat. Denn, dabei wird die **in ein Zentrum einströmende Energie dort in strahlende Kräfte umgewandelt.** Die Geschwindigkeit des Umwandlungsprozesses, die Stärke der daraus sich ergebenden Kräfteansammlung und die Strahlungstätigkeit (die bestimmte Wirkungen auf den grob-physischen Körper ausübt) hängen davon ab, wie weit das betreffende Zentrum schon entfaltet und ob es schon erweckt oder noch nicht erweckt ist. Die von einem Zentrum ausgehenden Kräfte wirken auf das ätherische Gegenstück des gesamten komplizierten Nervensystems ein.

Diese Gegenstücke oder subjektiv-identischen Entsprechungen der Nerven werden in der Hindu-Philosophie die „Nadis" genannt; sie bilden ein kompliziertes und weit ausgedehntes Netz beweglicher Energien, ein nicht greifbares, inneres System, das mit dem der körperlichen Nerven parallel läuft und ist eine äußere Verdichtung des inneren Energiegefüges. Es gibt bis jetzt noch kein Wort, das die alte Bezeichnung „Nadi" ersetzen könnte, da man die Existenz dieses subjektiven Systems noch nicht erkannt hat und weil nur die materialistische Vorstellung gilt, das Nervensystem sei infolge der körperlichen Umwelt und daraufhin entstanden. Der Gedanke, dass diese Nerven die verdichtete physische Ausdrucksform eines inneren, sensitiven Reaktionssystems sein könnten, ist bisher von der modernen westlichen Wissenschaft noch nicht erkannt und anerkannt worden. Wenn man einmal diese feinstoffliche (aus Energiefäden zusammengesetzte) Substanz, die den greifbaren

Nerven zugrunde liegt, anerkennt, so werden wir dem gesamten Problem von Gesundheit und Krankheit und damit auch der Welt der Ursachen einen großen Schritt näher gekommen sein. Dieses Netz von Nadis bildet ein bestimmtes Lebensmodell, das – je nach dem Persönlichkeits-Level – variiert.

Nur so werden Physis und Ätherleib über das bewusste ICH als Integral zur Persönlichkeit.

Dieses ICH bemüht sich lebenslang um Harmonisierung dieser beiden "antagonistischen Aspekte" des Lebens, um alle einerseits durch physische Bestimmungen und andererseits durch den Eigenwillen des ICH ausgelösten Spannungen und die dadurch von beiden Aspekten erzeugten Reibungen im Leben eines Menschen ständig auszugleichen. Denn alle durch die beiden Aspekte von Eigenwillen und vitalen Bestrebungen entstehenden Störungen schlagen bis auf die Physis durch und werden als Erkrankungen erlitten und in Symptomen festgestellt. Betroffen davon sind alle Bereiche und Seinsebenen im Menschen: Physis, Gefühls- und Mentalebene (Endothymos und Kortex). Erst wenn die Seele oder das höhere Selbst des Menschen die Herrschaft übernommen hat, erst danach können diese Spannungen im Leben eines Menschen überwunden und ausgeglichen werden. Dadurch wird das niedere, persönliche Ich genauso zum automatischen Werkzeug der Seele wie es bis dahin der physische Körper als automatisches Werkzeug der Gefühle und des Denkens des Ich war.

Der physische Körper ist dabei ein bloßer Automat, der den Impulsen eines feineren Körpers, dem „Ätherleib", folgt. Dieser Ätherkörper ist jedoch so eng mit dem physischen Körper verwoben, dass es nahezu unmöglich erscheint, die beiden im

Bewusstsein zu trennen. Denn es müssen bei der menschlichen Entwicklung zwei Dinge in Einklang gebracht werden, nämlich die ätherische wie die physische **Empfangsbereitschaft** die den Entwicklungsreiz auslöst.

Einstrahlung und Empfang der Energien über die Chakren

Es geht bei allen Einstrahlungen immer um die „Erregung" und um den „Empfang" der **Urenergie**, also um die Aktivierung latenter Energiepotentiale. Diese Urenergie durchflutet zwar ständig das gesamte Universum, was jedoch nicht bedeutet, dass die bloße Anwesenheit der Urenergie den kosmischen „Raum" bereits dadurch schon erregt, sondern eine Erregung immer nur dann erfolgt, wenn die einfließenden Energiestrahlungen mit den Ätherenergien im Kosmos „fusionierend auf Resonanz stoßen", und das bedeutet, dass das **Leben** zwar permanent passiv empfangen, aber nur durch aktives ständiges Einfließen der Urenergie erhalten wird. Denn auch der Ätherkörper ist genau wie der physische Körper immer ein Ergebnis einer prägenden Entwicklung, an deren Ausgestaltung der Mensch mitwirkt. Weil im Menschen inkarniert lediglich ein „spiritueller Same" für gewisse daraus folgende und sich bedingende Strukturen. Dabei handelt es sich beim Menschen keinesfalls um eine totale Determination, weil die willensmäßige Entscheidungsfreiheit immer gewahrt bleiben muss. Impulse werden für den Ätherkörper zwar mitgegeben, sind aber niemals determiniert, sondern immer nur als Möglichkeit vorgesehen.

Diese Strahlen der „Lebensenergie" sind somit die Grundlage des Lebens schlechthin, wobei jeder Körper Brennpunkte für gewisse Strahlenemanationen ausbildet, die beleben, anregen und vor allem die „Rotation der Empfangszentren" bewirken. Wenn diese Emanationsenergien von den Chakren am Ätherleib empfangen werden, dann wirken sie auf die dichte biologische Physis ein, weil diese im ätherischen Gerüst des **Ätherleibes** eingebaut ist. Es geht dabei nicht nur um den lebensnotwendigen Empfang dieser Energie, sondern man spricht in diesem Zusammenhang auch von „Gestaltungsenergien". Diese haben vor allem die Bestimmung, Energien im Organismus zu verteilen und umzusetzen.

Erst wenn alle Chakren in der richtigen Weise erweckt, und das Nervensystem zu einer echten synchronen Reaktion auf die Zentren fähig ist, kommen die Chakren zu ihrer maximalen Wirksamkeit. In diesem Entfaltungsprozess können aber auch durchaus Phasen der nicht Übereinstimmung entstehen und Krisen hervorrufen Bei unentwickelten Menschen ist praktisch ein solcher Konflikt (vom Standpunkt der noch nicht entwickelten Chakren Bewusstseins aus gesehen) praktisch nicht vorhanden, weil noch keine Empfänglichkeit für subtilere und individuelle Einstrahlungen besteht. Solche Menschen sind noch ausgesprochen mit dem niederen Gruppenbewusstsein verbunden.

Auch die oft so erstaunliche urwüchsige Gesundheit der Entwicklungsvölker (ein Daseinszustand, der gegenwärtig mehr und mehr verschwindet, so wie andererseits das Denken sich entwickelt und der Evolutionsprozess des Bewusstseins wirksam wird) ist weitgehend darauf zurückzuführen, **dass prak-**

tisch alle „Chakren" mit Ausnahme des Sakralzentrums inaktiv sind. Allerdings ist es auffällig, dass diese Menschen leichter Infektionskrankheiten (Seuchen, Ebola) zum Opfer fallen, was ebenfalls auf diesen „Ruhezustand" der Chakren zurückgeführt werden kann, denn erst in dem Maß, wie sich die emotionale Natur entwickelt und das Denken in Funktion tritt, werden die Chakren wirksam lebhafter. Allerdings erfolgen damit auch andere Widerwärtigkeiten, weil nun im Dasein auch psychologische Bedingungen eine Rolle mitspielen. **Jenes zermürbende Hin und Her des emotionalen Lebens** (Hauptfaktors für schlechte Gesundheit) überschwemmt oft die niedere Natur mit immer stärker „falsch geleiteter" Energie.

Rückblickend im Laufe der menschlichen Entwicklung kann man hinsichtlich dieser Wechselwirkungen zwischen Physis und der Ausbildung des Ätherleibes sowie der Energie- Transmitter für die dafür empfangsbereiten Chakren feststellen, dass beim Neandertaler die Chakren wie bei den Tieren als Module noch kaum ausgebildet waren. Diese waren quasi noch identisch mit dem physischen Körper, wobei zwar der Ätherleib als Anlage für zukünftige Möglichkeiten bereits latent existierte, sich aber erst im Laufe der weiteren Menschheitsentwicklung die Bereiche des Gefühls- und Mental aktualisierten. Dieser Transfer vollzieht sich dagegen beim Tier nach wie vor über den **Instinkt** als einziger Nahtstelle, und das geschieht automatisch und unbewusst. Allerdings bei den höchst entwickelten Tieren findet man schon eine Vorform von „Intelligenz", weil bei diesen Tieren bereits eine gewisse Ausbildung dieser Bewusstseinsbereiche vorgegeben ist.

Dabei handelt es sich um einen permanenten Umwandlungsprozess, in dem die empfangenden Chakren anfänglich noch

„trübe" und in den „Farben" allein von der Physis her bestimmt sind. Sie müssen erst Klarheit und Transparenz durch ein sich schnelleres Rotieren der Chakren erhalten, die wie bei einem rotierenden Propeller, wenn dieser sich ganz schnell dreht, zur transparenten „Scheibe" wird, durch die man fast hindurchsehen kann. Das Tempo der Drehungen ist immer vom Menschen abhängig, wobei die **„Beschleunigung dieser Rotationen"** sich erst dann ergibt, wenn sich auch sein Bewusstsein so verändert hat, um für diese Energien transparent geworden zu sein. Dieser Prozess ist quasi ein **Paradoxon**, das aber als Aufgabe und Geheimnis von den Menschen im Leben gelöst werden muss. Alle alten Mythen berichten von diesen zu lösenden Geheimnissen – und im Laufe der menschlichen Entwicklung sind sie von Einzelnen ja auch immer wieder gelöst worden – allerdings über einen sehr langen Zeitraum, der jedoch gemessen an universellen Maßstäben als solcher gar keine Bedeutung hat. Gegenwärtig kann man beobachten, dass bei der Menschheit durch „**Einstrahlungen**" die gesamte Entwicklung ungleichmäßig und eher gestört erfolgt. Viele Chakren sind noch unerweckt, andere überreizt und besonders die Zentren unter dem Zwerchfell oft überaktiv und dadurch nervös oder erschlafft, worüber noch im Kapitel über Autoimmunerkrankungen noch zu sprechen sein wird.

II.TEIL

PHYSIS / DNS

„Gesundheit sowie Krankheit" sind bislang medizinisch fast nur vom biologisch-physiologischen Körper her verstanden worden; lediglich seit dem 20.Jhdt bietet die „Psychosomatik" einen Ansatz zu ursächlich auch epigenetischen (äußere, nicht vererbbare) Einflüssen auf Gesundheit und Krankheit. Prinzipiell geht aber die Medizin auch heute noch von der genetisch-biologischen Basis aus, welche man den Seins-Schichten (Lersch) im Körper zuordnen muss.

Nach Lersch besteht die Physis aus drei unterschiedlichen „Seinsebenen", wobei sich folgende Entsprechungen oder gemeinsame Durchdringungen zwischen Physis und Psyche ergeben:

I.   Physis / Vitalgrund / Leben selbst

II. Endothymer Grund / Funktionen des Vitalgrundes / Antriebserlebnisse, Gefühle, Affekte – emotionaler Funktionsbereich / Begierdekörper / Hirnstammgeschehen

III. Kortikaler Oberbau / Hirnrindengeschehen (Kortex) – Intelligenz, Verstand, Denken bzw. mentaler Funktionsbereich / „Mentalkörper" / Bewusstsein als Integral des ICH.

Diese biologischen genetisch-physischen Anlagen korrespondieren im Leben mit ganz bestimmten **Programmierungsmechanismen**, weil das Leben sich immer in der Spannung von Polaritäten abspielt, die sich auf allen „Seinsebenen" unterschiedlich wiederholen. Es handelt sich dabei um:

1. **Kontraktion und Expansion**, was vor allem den **Vitalgrund** im Leben betrifft.
   Die zentrale Rolle spielt bei diesen Mechanismen die Lebensenergie selbst, die quasi mit der *„schöpferischen*

Sexualenergie" [9] gleich zu setzen ist und im Orgasmus exemplarisch sichtbar wird und im physischen Organismus das energetische Gleichgewicht immer wieder herstellt. Bei der Kontraktion wird das **„biophotone Energiefeld"** erregt und der Organismus mit Energie aufgeladen, bei der Expansion entladen. Für die menschliche Gesundheit ist dieses ungehinderte Pulsieren lebensnotwendig, denn alle lebenden Organismen pulsieren in rhythmischem Wechselspiel zwischen Ausdehnung und Zusammenziehung. Jede Behinderung dieses Energieflusses führt zu Energiestauungen und infolgedessen zu Störungen, indem sich körperliche *„Vermeidungshaltungen"* oft chronisch verfestigen und der Körper nur noch aus Muskelverspannungen besteht, worin zugleich auch symptomatisch offensichtlich die ursächlich hintergründigen *„falschen mentalen Einstellungen"* sichtbar werden.[10]

2. **„Wachstum und Schutz"** sind in jedem Organismus fundamentale zelluläre Mechanismen als lebensnotwendige Reaktionen auf Umweltreize. Im 19. Jahrhundert entdeckte man die Nervenreizleitung als grundlegenden Mechanismus der Informationsübertragung im Organismus und als die Verbindung zwischen **biochemischen Konzepten und elektrobiologischer Steuerung der Lebensenergie.** Dabei emittieren Nerven Biophotonen, weil die Reizübertragung von der Nervenzelle über den synaptischen Spalt nicht allein mit Hilfe chemischer Botenstoffe, sondern primär über Biopho-

---

[9] Reich, Freud, aus „Biophotonen" von M. Bischof, S.73
[10] S. 291 In den notwendigen körperlichen Entwicklungskrisen wird Stabilität des Organismus in Frage gestellt.

tonen erfolgt. Melatonin[11] ist dabei ein solches Biomolekül, das wie die DNS selbst Lichtspeichereigenschaften besitzt, die als zentrale Instanz für die Steuerung biologischer Prozesse im Organismus über Biophotonenfelder gelten. Jede „Energiebewegung" hin zu einem lebensfördernden Signal, z.B. Nahrungsaufnahme, wäre demnach eine **„Wachstumsreaktion"**, so wie der Rückzug weg von einem bedrohlichen Signal von Gefahren eine **„Schutzreaktion"** bedeutet. Im mehrzelligen Organismus werden Wachstums- oder Schutzverhalten durch das Nervensystem gesteuert; immer wenn das Nervensystem eine Bedrohung wahrnimmt, alarmiert es die Zellgemeinschaft, die darauf auf zweierlei Art reagieren kann, denn der Körper besitzt zwei getrennte Schutzsysteme, die überlebenswichtig sind.

3. **Kampf und Verteidigung** sind dagegen nicht nur organisch-physisch bestimmt, sondern auch kortikal; insofern besitzt der Körper zwei getrennte „Schutzsysteme": a) HHN[12] gegen äußere Gefahren und b) das **Immunsystem** für Gefahren im Körper selbst.

Alle diese Programmierungsmechanismen gelten zwar vornehmlich für organische Zellverbände, lassen sich aber auch

---

[11] M. Bischof / „Biophononen S. 276Eine interessante Beobachtung, die das bestätigte, ist, dass Spasmolytika (krampflösenden „Botenstoffe") die Nervenreizleitungen blockieren können, weil sie vermutlich durch Multiresonanzen (Mehrfachanregung) den Photonenaustausch im synaptischen Spalt (Verbindung zwischen Zellen) löschen.

[12] Man nennt es die HHN-Achse – die Hypothalamus-Hypophysen-Nebennieren-Achse. Ist diese inaktiv, gedeiht das Wachstum. Wenn Gefahr droht, sendet sie ein Signal an die Hypophyse, an die „Meister-Drüse", in deren Verantwortung es liegt, 50 Billionen Zellen in Bezug auf die Gefahr hin zu organisieren." Bruce Lipton S.146 ff

auf menschliche Verhaltensmuster übertragen, und zwar als analoge „Transponierung". Denn diese beiden fundamentalen zellulären „Antriebsgestalten" im biologischen Vitalgrund finden sich analog auch im „endothymen Gefühlsgrund" und sogar in den beiden psychologischen Richtungsimpulsen von „Introversion und Extraversion[13]" wieder, und zwar genau wie in den zwei gegensätzlichen Verhaltensformen eines jeden einzelnen Menschen, sowie der gesamten Menschheit hinsichtlich aller gesellschaftlichen Organisationen und deren Denkungsweisen, nämlich als „Aggression oder Verteidigung".

Störungen der Energiestrahlungen / Ätherleib und Physis

Anliegen dieser Schrift ist es, aufzuzeigen, dass der Ätherleib und die Physis ein Hologramm auf verschiedenen Manifestationsebenen sind. Dabei soll deutlich werden, dass Krankheiten immer beide Manifestationsebenen betreffen und dass sie sowohl Abbildcharakter für eine dahinter stehende geistige Wirklichkeit besitzen, d.h. Hinweise auf mögliche Ursachen geben, als auch eine Botschaft an den von Krankheit betroffenen Menschen mit sich bringen, die es zu entdecken und zu beherzigen gilt, d.h. Hilfen zu einer ganzheitlich verstandenen Heilung enthalten.

---

[13] C.G. Jung „Emotionen sind nichts anderes als natürliche Energie, die ständig direkten Einfluss auf Körper und Gesundheit hat." Siehe auch W. Reich – bipolare Potentialverteilung.

Die Arten der Energiestörungen in den drei Seinsbereichen:

1. die Art und Weise, ob und wie der Mensch Energie-Einstrahlungen vermittels der dazu notwendigen Zentren (Chakren) empfängt und aufnimmt
2. wie die empfangende Energie über den ätherischen Körper in der richtigen Weise wirksam verteilt wird und
3. wie die Energien in organische Vitalität umgesetzt werden, um den energetischen „Kreislauf" konstant im Körper aufrecht zu erhalten. Das sind die lebensnotwendigen Aktivitäten, die einmal die Physis selbst betreffen und zugleich die Verbindung zum Bewusstsein und zum Ätherkörper des Menschen ermöglichen.

1. Physische Seinsebene / Vitalgrund / EMPFANG von Energien

Auf dieser ersten Ebene werden die Lebensenergien aufgenommen und bis an die Peripherie des Körpers weitergeleitet, so dass alle physischen Organe belebt werden, und die automatischen, unterbewussten Funktionen des aus dichter Materie bestehenden Körpers angeregt werden. Wenn das „Gewebe" des Körpers diesen Zweck vollkommen erfüllt, ist es zugleich vor Erkrankungen geschützt; denn *„Die Gebrechen des Fleisches sind demjenigen unbekannt, der Energieeinstrahlungen richtig empfangen und verteilen kann"* (Alice Bailey). Erst wenn das erkannt ist, wird es eine grundsätzliche Wandlung in der Heilkunde hervorrufen, die sich dann weniger auf Heilung als viel mehr auf Prophylaxe (Vorbeugung) verlegen und konzentrieren wird.

2. Emotionale Seinsebene / Endothymer Grund / Verteilung von Energien

Auf der zweiten Ebene treten die energetischen Strahlungen in Resonanz mit dem Sakralchakra, wobei es seine „Hitze" aus den Zentren unterhalb des Sonnengeflechts (Plexus Solaris) in die drei höheren Zentren - das Herz-, Kehl- und Kopfzentrum überträgt. Das ist ein langwieriger Prozess, sofern er der natürlichen Entwicklung allein überlassen bliebe; denn dabei ist die Mithilfe des Menschen notwendig: Meditation, Yoga etc. Diese „Mithilfe" erfolgt nur über den Menschen selbst und erstrebt eine Höherpotenzierung seines Bewusstseins, was auch einen anderen Stellenwert der Physis zur Folge haben wird.

3. Bewusstseinsebene /Kortex als Reflektionsvermögen / Umsetzung von Energien

Ziel auf der kortikalen Bewusstseinsebene ist die Überwindung der Problematik der Gegensatzpaare (Dualität im Leben, Natur und geistige Wirklichkeit), die man ganz klar erkennt und damit in das höchste Erkenntnisstadium eintritt. Vor allem ist es aber dieser *„mentale Funktionsbereich"*, der den Bewusstseinsbereich des Denkens und Wollens umfasst, um Gefühlsregungen bewusst werden zu lassen. Zwar bilden alle genannten Bereiche einen einheitlichen Mechanismus, wobei das wirkende Verhalten (Handeln) im Zusammenhang des gesamten seelischen Lebens zwar primär aus der Wirksamkeit der Triebe und Strebungen zu verstehen ist, aber erst durch die *„Gefühlsumhüllung"* eine *„Durchtönung"* eine bestimmte „Qualität" erhält. Dadurch erfährt diese letztendlich im ichbewussten Handeln des Denkens und über Willensimpulse eine **Zielgerichtetheit.**

Denn bewusste menschliche Handlungen sind immer Antworten auf einen Vorentwurf ganzheitlicher Situationen und sind nicht wie die instinktiven Reflexe des Tieres allein eine Antwort des psychosomatischen Organismus.

Solche Handlungen verlangen bereits eine Verflechtung von **vorstellendem Vergegenwärtigen und sinnlichem Bemerken**, und das sind Leistungen der intellektuellen Funktionen des Denkens, die darauf ausgerichtet sind, sich die Welt „verfügbar" zu machen. Allein in der geistigen Funktion des Denkens ist darüber hinaus auch das Moment der **Sinnerfassung** zu sehen. Diese zweifache Bedeutung des denkenden Bewusstseins spiegelt sich in seiner Doppelfunktion wider: Denken als **intellektuelle Funktion** und als Mittel, die Welt und das Dasein zu organisieren, aber auch als **spirituelles intuitives Erfassen**, welches eine Assimilation von geistigen Infiltrationen in das denkende Bewusstsein darstellt. Letzteres ist das „*Quantenbewusstsein*", das allein über den „Ätherleib" oder den „Bewusstseinskörper" übermittelt wird. Darum muss man über ein rein kausal-lineares Denken hinaus zu einem mehrdimensionalen analogen Denken kommen, um letztendlich in einem gezielten intuitiven Quantenbewusstsein das Wesen und den Sinn des Lebens zu erfassen. Erst dann kommt man zu dem Entschluss, den weiteren „*Kampf und die Führung dem dafür zuständigen „inneren Krieger*", der Seele, zu überlassen. Das Gesamtresultat dieses Bestrebens ist, dass der Mensch Kontinuität des Bewusstseins erlangt: **Holographisches Bewusstsein.**

DNS als Steuerungssystem im Organismus

Das zentrale Basis-Molekül im physischen Organismus ist die DNS. Sie steuert das regulierende Biophotonenfeld. Klar ist, dass die DNS diese Aufgabe nur im Verbund mit anderen Molekülen erfüllen kann, weil sie über ihre kohärenten Biophotonenausstrahlungen an andere Moleküle ständig gekoppelt ist und mit diesen zusammen **ein Steuerungssystem** bildet. Alle diese Moleküle besitzen die Fähigkeit zur Selbstvermehrung und zur Informationsspeicherung, indem sie durch ihre Spiralstruktur elektromagnetische Wellen empfangen und lenken. Dabei handelt es sich um ein molekulares „Pulsieren", das in den lebenden Zellen zu Kontraktionen und Expansionen führt und Veränderungen im Organismus bewirken. Das sind sogenannte „Schwingungsquanten", die über die DNS in rhythmischen Impulsen weitergeleitet werden. Vergleichbar mit dem Pulsschlag arbeitet die DNS quasi als pulsierende „Lichtpumpe". Dabei sammelt die DNS „Licht" an und sendet dieses als informierende Energien an den gesamten Organismus. Diese immense Informationsmenge kann nur die DNS leisten.

Auf diese Weise wird die gesamte Energie des Stoffwechsels eines Organismus über die DNS in Biophotonen umgewandelt, die innerhalb der Physis z.B. für den Ersatz des Substanzverlustes (absterbende Zellen) sowie für das Pulsieren des Herzschlags und der Peristaltik sorgen. Beim „Ersatz" abgestorbener Zellen werden dann in den neuen Zellen **multidimensionale skalare Wellenantennen aktiviert, die jede wichtige Information aufnehmen** und sofort verarbeiten, womit der Kreislauf des Lebens garantiert ist. Alle diese Möglichkeiten sind latent im Menschen angelegt und werden im neuen Äon wieder aktiviert werden und eine grundlegende Verwandlung im Menschen bewirken.

Latent war im Menschen bereits immer schon der später wieder zu erreichende „selbständige halbätherische Körper" als „Ätherleib" mit der Physis eng verbunden und enthalten. In der gemeinsamen Entwicklung erfolgen parallel zum Ätherleib insofern auch in der Physis substantielle Veränderungen der DNS, wobei lediglich in der DNS bereits angelegte und bisher eher latente Kodierungen, über spirituelle Energien wieder aktiviert werden, und d.h. „bewusst" gemacht werden. Diese signalisierenden Impulse veranlassen dann im Körper eine Wandlung in der DNS, was eine grundlegende Umstellung der Energieaufnahme und Verarbeitung in allen Zellen verursachen wird.

Hinsichtlich dieses Umwandlungsprozesses, der sich durch den Einfluss elektromagnetischer Felder auf das Zentralnervensystem vollzieht, sind bisher folgende Funktionsbereiche – die je nach Wellenfrequenz positiven oder negativen Einfluss ausüben – erforscht: Enzym- und Hormontätigkeit, das Immunsystem und der gesamte Stoffwechsel von Kohlenwasserstoff, Proteinen und Nukleinsäuren. Unabhängig davon erfolgen ständig Mutationen auf Erden, indem ganze genetische Systeme sich umgestalten, aussterben und sich dadurch in ihrer naturangelegten Gen-Basis verändern. Entscheidend bei allen Mutationen ist allerdings dabei, dass nur ein „Zustand", der seinen eigenen Gegenpol mit einbezieht, wirklich stabil sein kann, so wie das Tao der Chinesen Ying und Yang einschließt.[14] und es sich bei diesem „Dimensi-

---

[14] Popp195 / Die DNS als pulsierende „Lichtpumpe" / Tao-Prinzip: ist das Ganze, aus dem die Polarität von Yin und Yang hervorgeht. Dabei steht das Prinzip des Ying für das Stoffliche und das Yang für das Spirituelle.

onskipp" auch immer um die Transmutation der beiden Körper: **Physis und Ätherleib handelt.**[15]

DIMENSIONSKIPP

Es handelt sich bei dieser Transmutation der beiden Körper: Physis und Ätherleib um einen Dimensionskipp. Gegenwärtig hat dieser „Geburtsprozess" global und im großen Maße begonnen, womit auch eine genetische Verschiebung verbunden ist, die eine Art „Erweckung" von latenten **DNS Codes** und dadurch auch eine **Bewusstseinserweiterung** zur Folge haben wird.

Kommentar:

Während sich auf dem ganzen Planeten Erde die Transmutation der genetischen Struktur entfaltet, wird zugleich auch ihr präkodiertes latentes genetisches Programm aktualisiert werden. Dabei wird die bisherige Identifizierung des Menschen aus der bisher allein bestimmenden dreidimensionalen Vorstellungswelt allmählich herausgenommen, um für ein zukünftiges „Quantenbewusstsein" Platz zu machen, wobei allerdings die „individuellen Egos" auf Erden noch lange dazu neigen werden, an den überkommenen dreidimensionalen konditionierten Bewusstseinsmöglichkeiten festzuhalten.

---

[15] Die Vorstellung nichtphysischer „Energiekörper" taucht historisch in allen Kulturen unterschiedlich auf. Es sind feinstoffliche Körper aus Licht. Dabei steuert der Ätherleib alle Prozesse im physischen Körper, der nach den tibetanischen Lehren auch nur „geronnenes Licht" ist.

Durch diesen Transmutationsprozess wird die ursprüngliche Zellstruktur der halbätherischen Vorgängerpopulation in der Neuen Menschheit wieder hergestellt werden, so dass die physischen Körperzellen wie einst mit dem interdimensionalen Bewusstseinsbereichen wieder interagieren können. Latent war im Menschen bereits schon immer dieser später zu erreichende „selbständige halbätherische Körper" als „Ätherleib" mit der Physis eng verbunden und enthalten. In der gemeinsamen Entwicklung erfolgen parallel zum Ätherleib auch in der Physis substantielle Veränderungen der DNS, wobei lediglich in der DNS bereits angelegte und bisher eher latente Kodierungen, über spirituelle Energien wieder aktiviert werden, und d.h. „bewusst" gemacht werden. Diese signalisierenden Impulse veranlassen dann im Körper eine Wandlung in der DNS, was eine grundlegende Umstellung der Energieaufnahme und Verarbeitung in den Zellen verursachen wird, weil die wieder aktivierten DNS-Stränge dann in jeder Zelle eine **multidimensionale skalare** (unbekannte Größe) **Wellenantenne** besitzen, die jede spirituelle, gedankliche Durchsage (Botschaft) aufnehmen und sofort verarbeiten kann.

Alle diese Umwandlungsprozesse sind hinsichtlich der gesamten Menschheit, aber auch jedes einzelnen Menschen immer erst dann aktualisierbar, wenn bereits eine bewusste Empfangsbereitschaft gegenüber diesen „Energiestrahlungen" erreicht wurde, quasi: *„wenn eine Zeit reif dafür ist"*. Denn alle Umwandlungen z.B. in der DNS können als gesteuerte Frequenzen von Gestaltideen immer erst dann erfolgen, wenn eine „bewusste Bereitschaft" vorliegt, um eine bisherige Latenz zu beenden und ein latent vorhandenes „Genmuster" neu zu beleben, was sich dann auf den gesamten Organismus auswirkt. Denn die Weiterleitung des **spirituellen Potentials** hängt allein davon ab, wie weit **„Nullpunktenergie"** die fein- stofflichen Ebenen der „Substanz" (Gene) durchdringt.

Damit erhält die DNS neben ihrer rein genetischen Funktion noch eine holographische Bestimmung, die viel umfassen- der ist, als die bloße Translation (Übersetzung) von Proteinen. Diese Funktion der DNS beruht darauf, dass der so genann- te „biologische Laser"[16], nämlich die Schnittstelle zwischen Biophotonenfeld und imaginärer Informationsquelle, sich in einem „kohärenten Zustand" befindet, und d.h.: Es sind **elek- tromagnetische Wechselkräfte**, die mit impulsgebenden imaginären Informationen (Nullpunktenergien) gestaltbildend zusammen wirken. Die DNS spielt in diesem Prozess insofern eine Schlüsselrolle, indem sie selektiv aus virtuellen Mustern auswählen und variieren kann.

Unsere Gene stellen dabei lediglich eine Art „Hologramm" dar, das erst durch die Aktualisierung der Proteine für entsprechen- de „Erinnerungen" sorgt. Denn jedes körpereigene Protein be- sitzt ein elektromagnetisches Feld als energetisches „Urbild". Und da die Protein-Membran[17] („Bewusstsein" der Proteine) direkt mit „dem Außen" korrespondiert, *können wir selbst*

---

[16] M. Bischof /„Biophotonen", S.193 Laser: Lichtverstärkung durch stimulierte Strahlungsemission; dabei wird die Energie, die sich dem Strahlungsfeld überla- gert verstärkt. Laserschwelle als Zustandschwelle – eine Art Phasenübergang und Verwandlung einer „Substanz" in einen anderen Zustand. DNS ist Lasermaterie und der größte Lichtspeicher im Körper, eine Art Kernzone der Zelle und damit des ganzen Organismus und zugleich die Grundlage des ganzen Aufbaus der Materie und der Evolution

[17] In der Protein-Membran bilden sich die „Spiegelneuronen" ab. Ein Spiegelneuron ist eine Nervenzelle, die im Gehirn beim Betrachten eines Vorgangs das gleiche Aktivitätsmuster zeigt, wie bei dessen früherer Ausführung (auch „emotionale Intelligenz" genannt) als energetisches Urbild.

auch uns, unser Leben, unsere Gesundheit und auch unser Schicksal bewusst und unbewusst darüber beeinflussen", weil Proteine als Rezeptoren *„Wahrnehmungsschalter sind"*[18].

Es handelt sich dabei um eine immanente komplexe **„Verhaltenskontrolle"**, die ein Organismus zum Überleben braucht und die von einer zentralen Informationsverarbeitung gesteuert wird: es sind **das Nervennetzwerk, das limbische System und die „Zentrale" im Gehirn.** Die Folge dieser zentralen Steuerung ist es, dass sich konsequenterweise jede Zelle in einer Zellgemeinschaft den informierten Entscheidungen der zentralen *„Wahrnehmungsautorität"* fügen muss; denn sie allein ist für den **Gesundheitszustand** eines Organismus verantwortlich. Wenn das nicht der Fall ist, entstehen im Körper Störungen wie z.B.: Krebs, (jene „Hypertrophie" einzelner Zellen, die aus dem Zellverband *„ausscheren"* und quasi einen eigenen „Zellverband" – z.B. Knoten, Tumor – bilden).

Der menschliche Körper besteht bekanntlich aus Billionen von Zellen die in ständiger Beziehung untereinander stehen, wobei es im Organismus keine einzige Funktion gibt, die nicht auch in jeder Einzelzelle enthalten ist. Das heißt, in jeder Zelle mit Zellkern gibt es ein funktionales Äquivalent zum Nerven-, Verdauungs-, Kreislauf-, Skelett- oder limbischen System des Menschen. Zellen sind „intelligent" (oder werden von einer Art Intelligenz geführt), besitzen „Erinnerung", können al-

---

[18] Bruce Lipton, a.a.O. 45: Dieser Austausch von Informationen ist kein Zufall, sondern eine Methode der Natur, das Überleben der Biosphäre zu sichern; denn Gene sind die physische Erinnerung an das, was der Organismus einmal gelernt hat.

lein überleben (Kulturvermehrung im Labor) und „erlernte Erfahrungen" an zelluläre Nachkommen weitergeben. Diese **„Wahrnehmungsautorität"** gilt nicht nur für den Zellverband, sondern gilt für alle Teilfunktionen und Mechanismen im Menschen und ist dessen **Bewusstsein**.

III.TEIL

DAS BEWUSSTSEIN

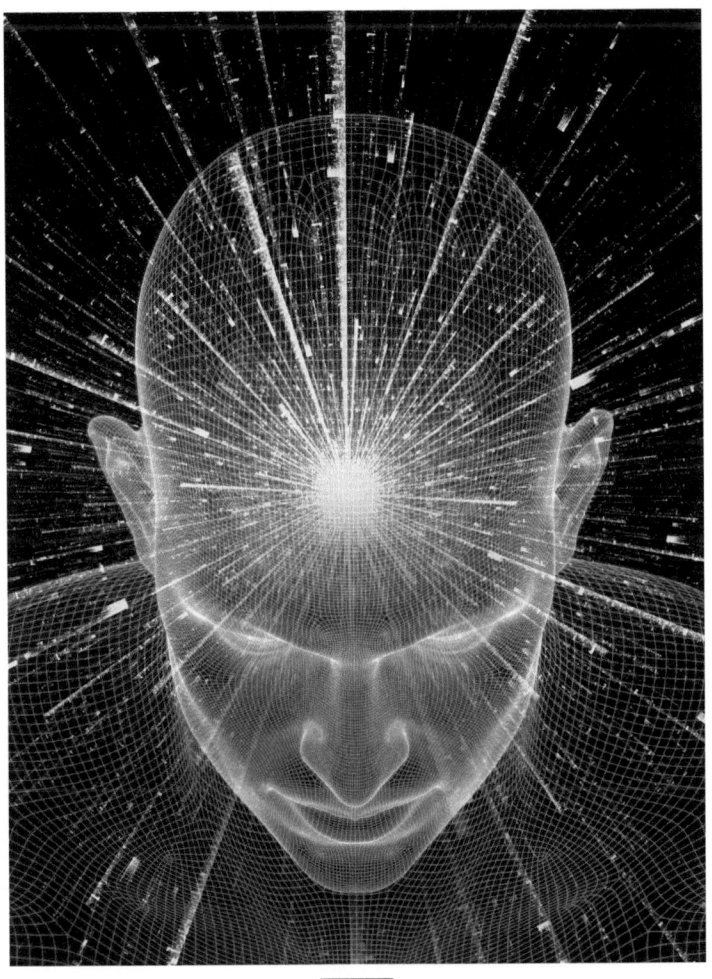

Das Bewusstsein selbst stellt eine **eigenständige**, nicht lokalisierbare substantielle Qualität dar und ist weder ein Produkt des Körpers, noch von dessen Existenz abhängig. Insofern bestimmt das Bewusstsein das SEIN, nicht umgekehrt! (die medizinische Hirnforschung geht noch immer von der unsinnigen Prämisse aus, dass das Bewusstsein im Hirn „gebildet" würde). Anders formuliert: *„So ist der Körper weder krank noch gesund, sondern über ihn kommen lediglich Informationen über den im Körper manifesten Bewusstseinszustand zum Ausdruck".*[19]

DIE ZWEI BEWUSSTSEINSARTEN

QUANTENBEWUSSTSEIN	ICHBEWUSSTSEIN
TRAUMBEWUSSTSEIN	WACHBEWUSSTSEIN
VERTIKALES BEWUSSTSEIN	HORIZONTALES BEWUSSTSEIN

„Wir müssen endlich erkennen, dass wir sowohl spirituelle Wesen sind, die mit ihrer Seele in einer spirituellen Welt existieren, als auch materielle Wesen, die in einer materiellen Welt existieren."[20] Und das bedeutet, dass im physiologisch-natürlichen Entwicklungsprozess der Menschheit als bestimmende Komponente immer auch der „Geist als Bewusstsein" hinzutritt und den „Startpunkt" für jegliche Weiterentwicklung markiert, die beim Menschen nicht mehr wie in den Geschöpfen der Natur automatisch erfolgt, sondern von

---

[19] Dahlke, Rüdiger / Dethlefsen, Thorwald: „Krankheit als Weg"
[20] Vladimir Delavre „Signale aus anderen Welten" – Wenn es ein Leben nach dem Tod gibt, ist nur darüber ein Informationsaustausch denkbar.

diesem selbst mitbestimmt wird. Insofern ist nicht allein die menschliche **Physis** die Basis dieser Weiterentwicklung, sondern vor allem der **Ätherleib**, oder **Bewusstseinskörper**, und zwar als willensmäßiger Impuls des Bewusstseins für jegliche Weiterentwicklung der Menschheit. Nur so ist auch die Äußerung der hl. Hildegard v. Bingen zu verstehen: *„Der Mensch trägt für das Universum Mitverantwortung."*

Für die Tatsache, dass unser Bewusstsein alle Informationen nicht nur über seine physischen Sinne und äußeren Wahrnehmungen bezieht, sondern auch eine unmittelbare Verbindung zu höheren Bewusstseinsdimensionen besitzt, legen parapsychologische Phänomene als **„Transkommunikationen"** oder außersinnliche Wahrnehmungen wie Telepathie, Visionen, Präkognitionen oder Sendungen über **„morphogenetische Felder"**[21] ein Zeugnis ab, so dass dieser Zusammenhang heute längst als bewiesen gilt. Es handelt sich dabei um „Resonanzen" zu anderen nicht sinnenhaft wahrnehmbaren Informationsfeldern. Das **Gesetz der Resonanz** besagt, dass wir immer nur mit dem in Kontakt kommen können, zu dem wir in Resonanz stehen und diese Überlegung führt letztlich auch zur „Identität" von Außenwelt und Innenwelt, so dass alles im Leben sich in Resonanz verhält: **Körper und Bewusstsein, Geist und Materie**. Denn unser Körper ist der „Spiegel unserer Seele" und zeigt uns auch das, was die „sinnliche Wahrnehmung" ohne objektive Gegenüberstellung allein nicht erkennen kann.

Allein in der Funktionalität des alltäglichen realen Lebens kennen wir jene geradlinige *„Kausalität von Ursache und Wirkung"*, die immer einen festgesetzten Endpunkt der Fragestel-

---

[21] Rupert Sheldrake ‚spricht von „unsichtbaren Informationsfeldern"

lung braucht, denn im kausalen Weltbild hat schließlich jede Manifestation eine Ursache, was deutlich macht, dass dieses Konzept der Kausalität bestenfalls im alltäglichen Leben als eine Funktion des Denkens praktikabel ist, jedoch völlig unzureichend und unbrauchbar als Instrument, metaphysische Zusammenhänge zu erfassen; denn in der kausalen Funktionalität sind die beiden Koordinaten von Zeit und Raum die bestimmenden Größen, die damit auch die Welt der „Täuschungen und Illusionen" ermöglichen.

Das zeit- und raumlose „Quantenbewusstsein" dagegen kennt keine **Kausalität** im Sinne von „Vorher und Nachher oder *„Immer-Wenn-Dann"*. In diese Kategorie des **Quantenbewusstseins** und der **Intuition** gehört auch die **Analogie** als eine Art „zweiter Kausalität", die eine notwendige Ergänzung zur *„Einseitigkeit der linearen Kausalität"* darstellt. Erst beide zusammen ergeben eine vollständige Interpretation der Welt. So wie die Vorzüge der Kausalität in der Funktionalität liegen, so hat die Analogie ihren Vorzug im *„Transparentwerden"* inhaltlicher Zusammenhänge, Hintergründe, auf die Wahrhaftigkeit des Seins. Darum gelingt es auch nur über die Analogie, die Welt holographisch zu begreifen und „Urbild und Abbild" wieder zusammen erscheinen zu lassen.

Es ist nur unser ICH, das dazu neigt, die beiden *„Hälften unseres Seins"* aufzuspalten, so dass wir aus der einen Hälfte ein „objektiv wahrnehmbares Außen" und die andere Hälfte zu unserem „Spiegel" machen, weil wir das „Außen" nicht als unser subjektives „Innen" akzeptieren wollen. Doch was nutzt der beste Spiegel, wenn wir nicht gewillt sind, die „Spiegelung" auf uns selbst zu beziehen? Das aber ist nur über die bittere Wahrheit einer konsequenten **Selbsterkenntnis** möglich, die nicht nur beide „Hälften" umfasst, sondern auch als gegenseitig bezogenes Ganzes zu verstehen ist.

DIE WELT DER GEDANKEN, VORSTELLUNGEN UND MOTIVATIONEN

Nicht nur im alltäglichen Leben sondern auch in der „Welt des Denkens" existiert eine Art „Polarität" in Form von Wechselwirkungen zwischen **funktional-kausalem Denken und intuitiv-analogen Quantenbewusstsein**, das D. Bohm in seiner Schrift „Die Implizite Ordnung" als richtungsweisend für das zukünftige Bewusstsein der Menschheit bezeichnet: *„Diese implizite Ordnung ist fundamentaler und umfassender als die explizite Ordnung. Sie erscheint wie ein Wurzelgrund, in dem die Objekte der expliziten Ordnung vor ihrer Manifestation in virtueller Form als „Keime" oder „Urbilder" ruhen".* Danach scheinen auch „Geistige Phänomene" wie Gedanken eine „Komplementarität" aufzuweisen. Denn diese Wechselwirkungen gelten nicht nur für Objekte unserer äußeren Wahrnehmungswelt, sondern gleichermaßen für das „innere Aufscheinen" unserer subjektiven Welt im Denken, Fühlen, Vorstellen und Phantasieren. Denn auch Gedanken haben hinter ihren expliziten Äußerungen eine implizite transzendente Überlagerung durch spirituelle „Archetypen", welche die eigentlichen **„Beleber"** des Bewusstseins" sind und allein den Level eines menschlichen Bewusstseins ausmachen; weil alle Aktivitäten des Geistes immer mit „Nichtlokalität" verbunden sind und somit ein permanentes „Oszillieren" zwischen Quantenbewusstsein und Ätherleib erfolgt. Denn **„das**

Quantenbewusstsein ist der Denker hinter den Gedanken" – es ist der Geist oder das Selbst, das mit sich selbst interagiert und Ideen generiert, wobei dieses Selbst sich weder im Körper noch im Hirn befindet. Es ist gleichzeitig überall und nirgendwo, gehört in den „Doppelbereich des Denkens" und liegt in der **„Lücke zwischen unseren Gedanken und deren energetischen Wirkungen"**; und das ist die **„Unschärferelation" im Bewusstsein eines jeden Menschen.** *„Oder um ein anderes Bild zu gebrauchen: Wir leben alle im gleichen Meer der Gedanken, aber jeder schafft in und um sich seine ihm eigene geistige Gedankenatmosphäre, seinen „mentalen Dunstkreis"*[22].

So wie jeder Moment des Bewusstseins einen gewissen expliziten Ausdruck hat, der ein Vordergrund ist, so hat dieser auch einen impliziten Inhalt als einen dazugehörigen Hintergrund, und genau so hat auch jedes physikalische Materieteilchen als expliziter Teil einer Ganzheit seine Ergänzung in der impliziten Ordnung einer Welle. Darum ist es durchaus einsichtig, auch in der Medizin „finalistisch" vorzugehen; und d. h. nicht die Ursachen von der Erkrankung nur im Körper allein zu suchen. Man muss viel mehr über die erkennbaren vordergründigen Symptome hinausgehen, um zu den **wahren hintergründigen psychischen und mentalen Verursachern** zu gelangen. Und das bedeutet, von den im Ichbewusstsein entstandenen „Verquerungen" gedanklicher Frequenzen auszugehen, die als Energieeinstrahlungen vom Ätherkörper zurück auf den physischen Körper einwirken. In Zukunft wird es sich darum primär auch um die Wechselwirkungen zwischen Gedanken und deren Frequenzen als Transmitter für die dafür empfangsbereiten

---

[22] K. O. Schmidt

Chakren als Diagnose-Ansätze für physische Störungen gehen. *„Mensch werde wesentlich"* (Angelus Silesius).

Wechselwirkungen der Energieneinstrahlungen von Ätherleib und Bewusstsein

Bekanntlich sind die *„geistige Nahrung"*, die das Bewusstsein belebt, physikalisch gesehen Frequenzen, die jedem Gedanken zugrunde liegen und ständig als Transmitter fungieren. Es ist die im Kosmos „gefilterte Urenergie"[23], die als energetische selbstbestimmte Wirkkraft das gesamte ätherische Universum durchpulst und unaufhörlich alle Manifestationen im permanenten Wandel durchdringt, erschafft und mit lebendigen „Qualitäten" erfüllt. Alle universalen Systeme empfangen diese Energie aus einer zentralen spirituellen Quelle. Dieses dringt vom spirituellen Zentrum bis an die materiellen kosmischen Grenzen vor und sorgt für die Weiterverteilung dieser Energien an alle Gebilde des universalen, ätherischen Gewebes. Dabei vitalisieren und qualifizieren diese Energien jeden empfangenden Träger unterschiedlich. Es handelt sich dabei um aktive „Strahlungshitze", deren Schwingung und Qualitäten je nach der sie empfangenden Wesenheit verschieden sind. Der Mensch empfängt diese Energien über seinen **Ätherleib**, wobei sich diese nach dessen jeweils individueller Sonderqualität einprägen. Dadurch programmieren sie die fundamentale „Färbung" seines eigenen Wesens vor und ermöglichen die Übermittlung und Verteilung der Energien an Organe und Zellen, die sein physisches

---

[23] In der östlichen Philosophie auch „Prana" genannt. Prana ist nicht Atem im landesüblichen Sinn, wenn es auch meistens so übersetzt wird, sondern es ist die Gesamtheit kosmischer Energie, die für jeden Körper lebensnotwendig ist.

System ausmachen. Diese „emanativen Energien" sind neben ihrem kreativen Einfluss auf die Gestaltung von Formen auch für die Bewahrung bereits erschaffener Formen notwendig, z.B. durch Erhaltung der „Gesundheit" eines Menschen.

Zu den Kennzeichen von Gesundheit scheint es zu gehören, dass dieses **elektrodynamische Biophotonenfeld der Physis** flexibel auf alle möglichen Einflüsse reagiert, denn jeder lebende Organismus pulsiert mit individuellen rhythmischen Variationen, deren Intensitäten, Verzerrungen und Tendenzen durch Resonanzen zu anderen Frequenzen verstärkt, verdichtet, beschleunigt oder verlangsamt werden, und das bewirkt ein permanentes Ansteigen und Abnehmen des gesamten Energie-Potentials.[24] Beim Abnehmen sprechen wir von Befindlichkeitsstörungen bis hin zu Krankheitszuständen oder unspezifischen psychosomatischen Beschwerden bis hin zu Nervenentzündungen. Das sind meist die Folge einer Absenkung des physischen Potentialgefälles, was eine Verminderung der Bioenergie, die dem Organismus zur Verfügung steht, zur Folge hat. Es können aber auch **autoimmune Störungen** sein, die allein über den Ätherleib und dessen Kontakt zum Bewusstsein herrühren. Auch an dieser Stelle muss die Suche nach möglichen „Verursachern" ansetzen. Dabei handelt es sich um „holographische" Therapieansätze, weil es dabei nicht mehr um punktuelle Objektbezogenheiten geht, sondern um ganzheitliche Zustände.

Allein das ICH verhindert durch ständige „punktuellen Abgrenzungen" (**Autoprotektionen**) das wahre Erkennen dieses

---

[24] Die Biophotonenstrahlung hat ihren Ursprung in elektronisch angeregten Molekülen, wobei die Elektronen durch eine Energiezufuhr von ihrem Grundzustand in eine höhere Umlaufbahn umspringen.

Ganzen, was Störungen bis hin zu Erkrankungen und einen ewigen *„Zwei-fel" schafft*, der die Polaritäten in Gegensätze spaltet. Und das ist das wahre „Böse der Welt" und dennoch die notwendige Bedingung, um wieder zur *„Ein-sicht"* zu gelangen; *„ ... Ich bin ein Teil von jener Kraft, die stets das Böse will und stets das Gute schafft."* (Goethe, Faust). Denn wir brauchen für unsere Erkenntnis immer zwei Pole, doch wir dürfen nicht in ihrer Gegensätzlichkeit stecken bleiben, sondern die Spannungen daraus als Antrieb und Energie auf dem Weg zur Einheit nutzen.

Denn Gegensätze einen sich im Leben nie von selbst. Der Mensch muss sie erkennen und handelnd erleiden, sie *ergreifen*, um sie zu *begreifen*, um sich diese dann erst zum „bewussten Besitz" zu machen. Denn allein dafür ist die **Krankheit** als notwendige Spannung und Voraussetzung fast der einzige Weg, der zu diesem Ziel führt, weil man sein Innerstes nur über Leiden erfährt, und zwar um mit seinem wahren Zentrum eins zu werden. Krankheit (*Leid*) ist nicht nur *"das schnellste Pferd zur Erkenntnis"*[25] (also zur Wahrheit), sondern sie macht uns auch ehrlich und entlarvt schonungslos alle verborgenen Abgründe unserer Seele. Denn alle Betrügereien der Welt sind harmlos, gemessen an dem, was der Mensch sich in permanenter Verblendung selbst vorlügt.

In der Krankheit wird dagegen alles offenbar, weil sich das „Verborgene" in den körperlichen Symptomen für alle sichtbar zeigt. Symptome zwingen uns quasi über den Körper, das zuzugeben, was wir freiwillig als Verdrängungen nicht bereit sind, als Schuld zu akzeptieren; denn alle Symptome sind die *„soma-*

---

[25] Meister Eckehard

tische Verdichtungen" dessen, was von uns im Bewusstsein als Täuschung oder Illusion *"umgelogen"* wird, allein nur um die in der Polarität als Rückspiegelung, Relativierung oder offenbarende Gegenüberstellung unserer „Sünden" zu vermeiden. Denn Symptome entlarven immer verdrängte psychische Inhalte und machen sie schonungslos sichtbar. So werden alle „Sünden" als „Absonderung oder Polarität" sichtbar, weil die „Sünden" im polaren Bewusstsein des Menschen bereits vorprogrammiert und immanent vorhanden sind und nicht erst im konkreten Verhalten aktualisiert werden. „Sünde", so verstanden, ist niemals ein Pol innerhalb einer Polarität von „Gut und Böse", sondern **die immanente Polarität im Leben** selbst. Dessen sind sich die meisten Menschen durchaus bewusst und schämen sich darum auch ihrer über Krankheiten sichtbar gewordenen Sünden, deren „Heilung" oft nur über einen Bewusstseinswandel erfolgen kann, nämlich im Wiedererlangen der Einheit in der Wiedervereinigung der beiden Bewusstseinsarten als Harmonisierung aller energetischen Frequenzen. Das ist die Gleichschaltung der Funktionalität des Denkens und der Transparenz der intuitiven Analogien im Quantenbewusstsein über eine radikale Akzeptanz der absoluten Vergegenwärtigung und Bewusstwerdung eines gegenwärtigen *"Jetzt"*.

BEWUSSTWERDUNG
DER KRANKHEITSURSACHEN

Anliegen dieser Schrift ist es, aufzuzeigen, dass **Ätherleib** und **Physis** immer ein **Holographisches Ganzes**, auf verschiedenen Manifestationsebenen sind. Dabei soll deutlich werden, dass Krankheiten immer beide Manifestationsebenen betreffen und dass sie sowohl Abbildcharakter für eine dahinter stehende geistige Wirklichkeit besitzen, d.h. Hinweise auf mögliche Ursachen geben, als auch eine Botschaft an den von Krankheit betroffenen Menschen mit sich bringen, die es zu entdecken und zu beherzigen gilt, d.h. Hilfen zu einer ganzheitlich verstandenen Heilung enthalten.

Das Problem der gegenwärtigen Schulmedizin liegt darin, dass sie zu sehr von den Symptomen fasziniert ist, und leider Symptome und Krankheit gleichsetzt. Ehrlich wird aber eine Betrachtung erst dann, wenn man statt Symptome zu behandeln das **„Kranksein an sich"** begreift und weit über eine rein medizinische Diagnose hinaus die wirklichen Ursachen für Störungen herausfindet und einbezieht. Ursächlichkeiten sind organisch neben den genetischen Anlagen eines Menschen vor allem in den Programmierungsmechanismen des Energiekreislaufes im Organismus zu erkennen, der über die genetischen Voraussetzungen hinaus den ganzen Menschen mitbestimmt und von den drei Ebenen der Seinsweisen unterschiedlich beeinflusst wird. Neben dem genetischen **Vitalgrund** sind es die **Gefühlsebene** und die **mentalen Bewusstseinsintegrationen**. Diese erzeugen im dualen Zusammenspiel zwischen Körper und Bewusstsein als ursprüngliche Voraussetzungen alle bereits systemimmanent bedingten vorprogrammierten Störungen im Leben.

Mit dem gegenwärtigen Bewusstseinswandel werden allerdings in der Menschheit völlig neue „Schwingungsfelder" aktualisiert werden, die ein Umdenken auch im medizinischen Bereich verlangen. Bereits mit der begrifflichen Unterscheidung zwischen Krankheit und Symptom[26] (Bewusstseinsebene und Körperebene) verlagert sich die Betrachtung von Krankheiten zwangsläufig weg von einer bisher rein medizinischen Analyse des Körpergeschehens; denn Krankheiten sind viel mehr als bloße körperliche Störungen, sondern bedeuten immer den Verlust einer Harmonie, bzw. die In-Frage-Stellung einer bisher ausbalancierten Ordnung, wobei der Körper dafür lediglich die wahrnehmbare Darstellungsebene ist, über die ein Mensch sich des *„Ungleichgewichtes"* bewusst werden kann, das im Körper als Symptom manifest erlebbar ist. Das sichtbare Erscheinen von Symptomen *zieht die Aufmerksamkeit auf sich und unterbricht dadurch jäh die bisherige Kontinuität im Leben. Denn ein Symptom ist immer ein Signal, das erreicht, dass man sich mit ihm beschäftigen soll. Denn was immer sich in einem Körper als Symptom manifestiert, ist sichtbarer Ausdruck eines unsichtbaren Prozesses und weist daraufhin, dass etwas nicht in Ordnung ist.*[27]

Jeder physische Organismus ist ein „Hologramm", das durch den ihn umhüllenden Ätherleib zusammengehalten wird, weil es nur über denselben alle wirklichen **Lebensenergien** erhält. Auf den Menschen angewandt, bedeutet das nicht nur **die Umwandlung des reinen Vitalprinzips**, sondern auch eine bewusste Höherpotenzierung des Bewusstseins, um alle empfangenen Energien für eine spirituelle Bewusstseinsebene zu aktualisieren. In den niederen Lebensbereichen werden diese Energien wie beim Tier meist nur zur **Lebenserhaltung** vergeudet und dienen nur der Existenz von Leben und Sterben. Sie werden nicht wie beim bewussten Menschen in „schöpfe-

---

[26] Dethlefsen / Dahlke, a.a.O. S.19
[27] Dahlke, a.a.O. S.32

risches Denken" umgewandelt. Die Beherrschung der menschlichen Physis ist daher ein unerlässliches Erfordernis, um die Energieströme im Körper in Ruhe und Harmonie sowie den ganzen niederen Menschen in einen Zustand empfänglichen Wartens zu bringen und so eine Öffnung für das Einströmen neuer und höherer Schwingungsfrequenzen zu ermöglichen, die dann auf der mentalen Ebene im Menschen ganz bestimmte Veränderungen hervorrufen können und vor allem der **Wiedergesundung (Heilung)** dienen.

Dagegen ist **Krankheit**[28] ein Zustand des Menschen, der über körperliche Symptome darauf hinweist, dass der Mensch in seinem Bewusstsein nicht mehr in Ordnung und Harmonie ist; denn jeder Verlust des inneren Gleichgewichtes manifestiert sich im Körper als Symptom, das als Informationsträger „auffordert", diesem Beachtung zu schenken und signalisiert ferner, dass *„uns etwas fehlt"*. Und das bedeutet, nicht nur bei der „Doppelbödigkeit" unserer Sprache stehen zu bleiben, um analoge Bedeutungen zu sichtbaren Symptomen festzustellen, sondern darüber hinaus nach den primär erzeugten Ursachen in seinem SELBST zu suchen. Darin liegt auch der Unterschied zwischen Krankheit *bekämpfen* und Krankheit *transmutieren*; und das bedeutet: in wieweit man immer noch hofft, allein durch funktionale Maßnahmen Zustände verändern zu können. Oder ob man ein solches Vorgehen bereits als Illusion für sich entlarvt hat, was nur über eine radikale **Selbsterkenntnis** und die Bereitschaft geht, sich der Wahrheit zu stellen und nicht weiter unehrlich zu leben, was allerdings sehr viel bequemer wäre. Der Weg des Menschen ist der Weg aus dem Unheil zum Heil, wobei die *„Krankheit selber den Weg zur Heilung*

---

[28] Dethlefsen, a.a.O. S.22

vorgibt"[29], deren primäre Ursachen letztendlich nur im Zusammenspiel von Antriebserlebnissen, Gefühlsregungen und kortikaler Bewusstwerdung zu finden sind. *„Denn Krankheiten sind immer Grenzsignale für die Seele, die daran anfängt, auf die Sterblichkeit des Leibes hin zu meditieren und den Menschen zwingt, den Weg zur Einheit nicht zu verlassen - deshalb ist Krankheit ein Weg zur Vollkommenheit."*[30]

In diesem Zusammenhang formuliert Alice Bailey in ganz ähnlicher Weise: *„Der Mensch „muss zuerst die Kontrolle über den „Denkapparat" erlangen. Wenn das erreicht ist, muss man damit beginnen, die Hindernisse durch Gegenströmungen unwirksam zu machen; denn die Hindernisse sind die Folgen **falscher Denkgewohnheiten und der missbräuchlichen Anwendung des Denkprinzips.** Wenn man einmal diese falschen Denkgewohnheiten als die Ursachen erkannt hat, welche die hindernisschaffenden Formen und Folgen im Körper hervorbringen, dann können sie durch richtige Denkgewohnheiten ausgerottet werden."*[31]

In diesem Zusammenhang sagt K.O. Schmidt: *„Ein kranker Mensch ist einer, der sich unbewusst in einem Gefängnis aus falschen Vorstellungen, Vorurteilen und furchtbetonten Erwartungen eingeschlossen hat – ein Opfer geistferner Lebensauffassung."*[32]

Insofern ist Krankheit im Leben als notwendige Entwicklungskrise auch eine entscheidende Hilfe für eine umfassendere **Be-**

---

[29] Dethlefsen, a.a.O. S. 32
[30] Dethlefsen, a.a.O. S. 127
[31] Alice Bailey a.a.O.
[32] K. O. Schmidt / „So heilt der Geist"

wusstwerdung, und zwar so lange, bis man endlich bereit ist, die bittere Wahrheit zu ertragen: Nur eine Krankheit macht den Menschen „heilbar". *„Fürchtet man dagegen die Krankheit als Defekt, werden die Regulationspotentiale des Organismus nicht genutzt. Bei Krankheiten liegt das Problem oft nicht so sehr darin, ob der Organismus mit der Herausforderung fertig wird, als vielmehr darin, ob wir in seine Fähigkeit (Selbstheilung des Körpers), dies zu bewirken, Vertrauen haben zu solch einer höheren Kohärenz (Bewusstsein), denn in einer wirklich ganzheitlich verstandenen Gesundheit muss auch dieser seelische und geistige Faktor berücksichtigt werden".*[33] Fast alle Erkrankungen sind das Ergebnis eines gestörten „Seelenlebens" und meist selbst verschuldet, wenn auch oft die Zusammenhänge nicht offensichtlich sind, doch die „Seele" bittet über Leiden (Krankheiten) immer um eine **Umkehr** im äußeren Leben, was für alle Formen in allen Bewusstseinsdimensionen im Universum gilt. Die Kunst des Heilens sollte darum allein darin bestehen, die „Seele" wieder frei zu machen, sodass ihre „Lebensenergien" wieder durch die Organismen strömen können, aus denen jede manifeste Form besteht.

---

[33] Hardenberg / Novalis.

KRANKEITSPROPHYLAXE

Krisen als Entwicklungschancen, Bewusstwerdung und deren Folgen

Bei der Frage nach Gesundheit oder Krankheit geht es letztlich darum, inwieweit ein Organismus in der Lage ist, auf das Schwingungsmuster eines auf ihn einwirkenden anderen Oszillators (Bewirker) zu reagieren und dabei seine eigene Stabilität zu bewahren oder wiederherzustellen, und das bedeutet: **Gesundheit ist die Fähigkeit eines Organismus, sich jederzeit auch selbst regulieren zu können.** Erst wenn ein Organismus mit den Störungen selbst nicht mehr fertig wird, werden Erkrankungen akut und offensichtlich, und das ist immer gleichbedeutend mit einem Verlust an **Kohärenz und ganzheitlichem Funktionieren**, quasi ein *„Rückfall in eine tiefere Evolutionsstufe"*. Eine Erkrankung setzt z.B. ein, wenn ein angreifender „Oszillator" seine Informationen auf den Organismus übertragen konnte und aufgrund einer Fehlmodulation die Regulationsfähigkeit des Organismus gestört wird; dann versucht das organische System selbst immer wieder eine Kohärenz, d.h. eine integrierende Ordnung in seinen Schwingungsmustern herzustellen. *Dabei muss man beachten, dass der Einfluss von Emotionen nicht nur durch ein Feedback der Umweltinformationen des Körpers entsteht, sondern dass der seiner selbst bewusste Geist auch über das Gehirn „Gefühlsmoleküle" erzeugen und das Organsystem damit überlagern kann.*[34]

---

[34] Bruce Lipton, a.a.O.

Gemeint ist damit eine Loslösung von ichverhaftender Blockierung, die jegliche „Transparenz" der von einem Ich bedingten Bewusstseinsverhärtungen verhindert. Das ist auch der Grund, warum morphogenetische Übertragungen von Energien zur Physis zu Schwierigkeiten führen können und sich dann im Körper als Störungen bemerkbar machen, was bei den Geschöpfen in der Natur prinzipiell niemals der Fall sein kann, da in der Natur „Übertragungen" prinzipiell reibungslos funktionieren. Denn: *„Durch jedes Atom in der Welt vibriert absolute Energie als Intelligenz".*[35]

Dieses „Umschalten" von Gedanken auf Energien in Manifestationen erfolgt beim Menschen über ein *„holographisches Wechselspiel"* zwischen **„Quantenbewusstsein"** und **„Ätherleib"**. Das entspricht auch jenen ursprünglich vereinten Gestaltungskräften von Energien und Ideen in noch nicht manifestierten Gestalten im gesamten Schöpfungsprozess, wobei beide Kräfte bis zum Moment ihres Wirkens noch Eins sind. Diesen Prozess der „Umstülpung" von Geist in Manifestation ist der Schöpfungsprozess schlechthin; denn jede Idee oder jeder Gedanke strebt nach manifester Gestaltung, wobei Ideen und Frequenzen zur gleichen Zeit entstehen. Denn Ideen kommen nur über Energien zur „Ausstülpung", indem sie im Gestalten quasi die für eine Manifestation entsprechenden Energien an sich ziehen, die dann im Moment die Manifestation einer Idee ergeben. Dabei ist die Energie als schöpferische Kraft immer die gleiche, wird aber im Moment der „Ideenfusion"

---

[35] In einem Interview wurde Thomas Edison gefragt: „Aber wo kommt diese Intelligenz ursprünglich her?" Dazu Edison: „Von einer Macht, die größer ist als wir" Interviewer: „Dann glauben Sie also an einen intelligenten Schöpfer, einen persönlichen Gott?" Edison: „Gewiss!"

gestaltend „qualifiziert". Somit ist „Ausstülpung als Manifestation" nichts anderes als die Ideenfrequenz, wobei diese „Lichtqualität" immer nur eine Seite im Kosmos zeigt: entweder das Teilchen oder die Welle. **Welle ist Idee, Teilchen ist Gestalt**! Beide wechseln im Universum ständig, trennen sich und vereinen sich: *Licht als Quelle ist Gott, Licht als Sichtbarlichkeit ist Schöpfung.* Und das bedeutet, dass alle „Manifestationen quasi nur „geliehen" sind, um der Liebe die Möglichkeit zu geben, im passiven Loslassen aller „illusorischen Verhaftungen oder Verblendungen" in der daraus erfolgenden **Bewusstwerdung** „aktiv" an diesem Spiel, „Lila"[36], teilzuhaben – ein Paradoxon!

Zwar werden alle Frequenzen der Gedanken ins menschliche Gehirn „transponiert" (umgesetzt), um so wiederum über die „Vernetzung" der Nerven weitergeleitet und für einen Menschen „greifbar" („begreifbar") gemacht zu werden, aber das „Verstehen" selbst eines Gedanken weist weit über diesen rein mechanisch-organischen Vorgang des **Empfangens** hinaus und erfolgt allein über die spirituellen **„Vernetzungen des Ätherleibes"**. Denn Sinn und Bedeutung von Gedanken erreichen den Menschen naturgemäß nur über den Ätherleib, der die jeweilige Frequenz ins *Quantenbewusstsein* „umschaltet". Je mehr nun im Ätherleib die Chakren als bereits vorhandenen Module aktiviert worden sind, umso stärker werden auch jene bisher latenten spirituellen Bereiche des Ätherleibes wieder aktualisiert werden, bis diese Aktivitäten am Ende des neuen Äons den physischen Träger völlig überflüssig gemacht haben werden.

---

[36] Lila, das göttliche Liebesspiel / Hinduismus

Was deutlich macht, dass letztendlich das menschliche Bewusstsein vom physischen Gehirn als Organ völlig unabhängig ist. Nur in der noch immer primär materiell-physiologisch bestimmten medizinischen Wissenschaft steht der Körper als Träger aller Bewusstseinsvorgänge an erster Stelle.

---

*„Doch die Grundstruktur dessen, was wir Bewusstsein nennen, ist bestimmt durch eine im Erleben mitgegebene Abgehobenheit eines Subjektes von einem Objekt, eines **Ichs** von einem **Nicht-Ich**"* (Philipp Lersch).

Dass der Mensch in seiner Vorstellung das Bewusstsein von seinem Ich hat, erhebt ihn unendlich über alle anderen auf Erden lebenden Wesen, und darum gehört das menschliche Bewusstsein als solches bereits einer höheren geistigen Ebene an und ermöglicht überhaupt erst dem Menschen, auch seinem biologischen Träger wieder für den spirituellen Empfang zu aktivieren und „transparent zu machen."

Allein darin besteht letztendlich auch die „Unabhängigkeit des menschlichen Bewusstseins" von seiner Physis, die dem Tier nicht gegeben ist. Andererseits ist natürlich der Körper als vitale Basis und als Träger des Bewusstseins für das reibungslose Funktionieren mit verantwortlich. Mit anderen Worten: wenn das „Radio" defekt ist, funktioniert es nicht mehr und kann weder empfangen noch senden. Darum setzt auch das Bewusstsein für den Menschen einen ganz intakten „Wiedergabemechanismus" voraus. Aber die „Musik" wird nicht vom Radio erzeugt, sondern nur darüber empfangen und gesendet. Wenn darum die wissenschaftliche Forschung in ihren Bemühungen weiterhin am „Apparat" stecken bleibt, wird man niemals hinter das Geheimnis des Bewusstseins kommen.

Leider geht die heutige Medizin im Gegensatz dazu primär noch immer von der finalen, physischen Realität aus, nämlich Krankheiten mittels Substanzen (Medikamenten, technischen Geräten etc.) zu behandeln, deren Wirksamkeit erfahrungswissenschaftlich (empirisch) verifiziert wurden. Jede Substanz („medizinische Behandlung") stellt grundsätzlich ein fremdes **Schwingungsfeld** dar, welches direkt auf die Schwingungsebene eines organisch-schwingenden Systems einwirkt, wobei dieser Prozess fast nur die „Oberflächenstruktur" der Physis und nie die darunter liegenden mental-psychologischen Schwingungsfelder wirksam erreicht. **Aber nur von diesen Schwingungsfeldern her kann eine Störung wirklich überwunden und eine Erkrankung wieder geheilt werden.**

Denn alle bisherigen physiologischen Forschungsergebnisse haben lediglich für die Anfänge des Lebens und für einen primitiven Informationsmechanismus in tierischen Organismen eine gewisse erklärende Geltung, jedoch nicht für den menschlichen **Bewusstseinsbereich**, der nicht über eine „medizinische Hirnforschung" zu finden ist. Es ist daher an der Zeit, weg von einer rein mechanistisch-physikalischen oder physio-biologischen Hirnforschung auszugehen, um sich endlich *menschlich-relevanteren* Bedingungen zuzuwenden. Denn das Bewusstsein ist kein Derivat der Physis, sondern absolviert genau wie diese eine völlig eigenständige Entwicklung, die zwar immer an substanzielle Manifestationen gekoppelt sein wird, niemals aber auf diese zurückzuführen ist, sondern völlig unabhängig davon lediglich deren formale Ausgestaltung bestimmt. Dazu Goswami (a.a.O.): *„Zusammenfassend geht*

es mir darum, dass wir die Funktionen des Gehirns als Be-
wusstsein neu betrachten müssen, und zwar als Messappa-
rat einerseits und auch als Quantensystem andererseits."

Und das bedeutet: Natürlich gehört zur Gestaltung und Manifestation einer Idee immer auch die für eine Idee vorgese-
hene „Substanz". So wie aus einem Lehmklumpen vom Menschen etwas gestaltet wird, so bleiben aber dabei Substanz und
Grundenergie immer die gleichen und unbeeinflusst, erfahren
aber erst von der Idee im substanziellen Erscheinen ihre Bedeutung. Es handelt sich lediglich um zwei unterschiedliche Zustände von **Frequenzen**, die sich bedingen und deren Unterschied nur in der „Ausformung", nicht primär in der Substanz
selbst liegt. Dabei unterscheiden sich die Energie-Einstrahlungen nach Qualität und Schwingung in der Substanz nur über
die Durchlässigkeit der jeweiligen „Trägersubstanz", wobei im
Menschen der Ätherleib und nicht der physische Körper der
Empfänger ist. Diese beiden Aspekte der Umwandlung verlau-
fen immer parallel, wobei sich Mutationen als Umwandlungen
mehr auf biologisch-physiologische Körper beziehen, während
im Hinblick auf das menschliche Bewusstsein eine „Höherpotenzierung" nur über die **Transparenz** im Sinne einer „läu-
ternden Entmaterialisierung" erfolgen kann.

EINFLUSSNAHME AUF DIE
IMMUNSYSTEME

Zusammenfassend kann man sagen, dass hinsichtlich der
„Kommunikation" zwischen dem inneren Menschen und seinem äußeren Handeln im Leben die **Immunsysteme** beim

gesunden Menschen nur so lange störungsfrei funktionieren, wie der physische Körper die Regungen des Ätherleibes widerspruchsfrei abbildet. Wenn aber das Ich (Bewusstsein und Eigenwille) sich mit seinen Vorstellungen, Verblendungen und Selbstbildern einmischt, wird diese natürliche Kommunikation gestört, oder genauer: die **eigenwillige Energie** des Ich übernimmt anstelle der Seele die Steuerung, sodass deren ungeordnete Strebungen den Energiefluss zwischen Ätherleib und physischem Körper stören.

Aber nicht nur Stoffe und Substanzen üben im Körper Reize aus, die als Energiefelder krankheitsauslösend sein können, sondern ebenfalls alle **mental-psychischen Energien**, die als epigenetische oszillierende Felder über die feinstofflichen Ebene auf die Physis einwirken. Deshalb bedeutet die Beherrschung solcher mental-psychischer Energien über eine konsequente **Bewusstwerdung** eine Form der *Krankheitsprophylaxe*; denn psychisch-mentale Energien verlangen immer nach manifester Verwirklichung: Jeder Gedanke will Wirklichkeit werden! Mit anderen Worten: Gedanken brauchen immer ein Ventil, einen Ausgleich, eine Neutralisierung der Spannung im manifesten Außen, im „Körper". Wenn diese Möglichkeit nicht besteht, drohen solche Energien sich anderenfalls im Organismus selbst zu „entladen", um diesen folglich vielfältig zu schädigen, quasi vergleichbar mit einer Art „Selbstvergiftung".

Bei allen Erkrankungen muss man noch zwischen akuten und chronischen Veränderungen im Körper unterscheiden und dabei feststellen, ob die dahin führenden entsprechenden epigenetischen (von außen einwirkende Reize) Fehlhaltungen entweder aktueller oder habitueller Art sind. Verantwortlich dafür sind die **Immunsysteme im Körper, die aber direkt mit dem Ätherleib, bzw. der Gedankenwelt kooperieren.** Wenn sich diese beiden Systeme „überqueren", dann sind die Immunsysteme häufig mit allen Folgewirkungen blockiert oder werden direkt ausgeschaltet. Immunsysteme sind in ihren Wirkungen natürlich auch vom Typus abhängig, denn es handelt sich dabei immer um den Einsatz und die „Handhabe" aller zur Verfügung stehenden **Lebensenergien**; und das bedeutet: Wie haushaltet ein Mensch mit den ihm zur Verfügung stehenden Lebensenergien einerseits und wie geht er andererseits mit seinen bewussten Einstellungen damit um. Insofern bewirkt das mit der **Gedankenwelt** kooperierende Immunsystem entweder einen positiven oder negativen Einfluss, z.B. belebende Energieeinstrahlungen für die Gesundheit oder aktuelle Fehleinstellungen im Organismus, die den Energiefluss stören und sich dann als akute Erkrankungen niederschlagen, welche bei Aufrechterhaltung der Fehlhaltungen chronisch werden können und so habituelle Veränderungen im Organismus herbeiführen.

Genauso verfügt auch die Physis auf jeder ihrer **Seinsebenen** über die Fähigkeit, Störungen ohne weitere Folgen zu erkennen und auszugleichen. Geschieht das allerdings nicht, so greift ein „*Korrekturmechanismus*" immer auf den nächst tieferen Bereich über. So kann z.B. eine falsche Denkweise zu einer konfliktreichen Haltung gegenüber Mitmenschen führen, wobei diese Verhaltensstörung wiederum, wenn sie andauert, bioenergetisch fassbare Veränderungen und chemisch-muskuläre Kontraktionen zur Folge haben kann, wodurch eine bioenergetische Regulation nicht mehr erfolgen kann und sich beispielsweise im Organismus als Schlafstörungen, in Übersäuerung des Blutes sowie Herzschmerzen und Migräne äußern, die bis zu Präkanzerose in manifesten Tumoren und zu zellulären Schäden führen und schließlich bis ins Erbgut eingreifen können.

In diesem Zusammenhang kann man auf die drei physischen Seinsebenen siehe S. 20 hinweisen, denn alle Störungen bzw. Erkrankungen werden ursächlich von diesen Seinsebenen mitbestimmt, und zwar welche dieser Ebenen im Leben eines Menschen vorherrscht. **Der holographische „Lebensimpuls" der drei Seinsschichten ist die Seele**, wobei die Einswerdung dieser drei Schichten über den Ätherleib angestrebt und erreicht werden muss, und zwar nicht aus selbstsüchtigen Zwecken, sondern weil ein größerer Wirkungsbereich geschaffen werden muss, um der gesamten Menschheit besser dienen zu können.

DIE SEELE

An dieser Stelle erscheint es angesagt zu sein, ein paar erläuternde Worte zum Begriff „SEELE" zu geben:

Die Seele ist der „Lebensfunke" in allen Dingen und zugleich das Lebens selbst. Der Ätherleib ist der „Bewusstseinskörper", der von der Seele genau wie die Trägersubstanz der Physis belebt wird. Die Physis als „Träger" gibt es nur im Kosmos, sie ist damit zugleich der wahrnehmbare Repräsentant (Aspekt) der Vitalität oder des „Lebenswillens" schlechthin. Als gemeinsame Aspekte des Hologramms „Mensch" gehören also zusammen:

- Seele als Lebensimpetus und Belebung aller Gestalten im Leben.
- Ätherleib und Bewusstsein als „Ideenvorgabe" des Geistes.
- Physis als manifestierte Phänomenalität des Lebenswillens schlechthin.

Der physische und der ätherische Körper werden also von der dritten Kraft, der **„Seele"**, dem eigentlichen Lebensträger durchdrungen und integriert. Dabei ist **das „Kleid" der Seele der Ätherleib** und die Physis der manifeste Träger als Gestalt. Vereint mit dem Bewusstsein als ewiger Lebensgeist ist dieser in der Seele **quasi als kondensierter Brennpunkt** in allen Gestalten im Universum, wobei Geist und Wille zugleich mit der Manifestation selbst *„das wahre Sein aller Gestalten und Wesen sind"*.[37] Manifestation ist dabei immer nur ein anhaftender und vorübergehender Zustand, der in der Ausrichtung auf das Ziel: Absolutes SEIN losgelassen werden muss.

Wesen und Substanz des Äthers repräsentieren die Seele, aber erst hinter dieser Substanz des Äthers wirkt der reine Geist, eine ewige Kraft, die das gesamte Universum erfüllt, denn der reine Geist ist der ewige göttliche „Grundstoff" aller Urelemente. Die Seele ist zwar im Menschen auch dessen zeitlichen Bedingungen unterworfen, wobei aber erst der Geist der Materie ihr aktuelles Sein gibt. Denn im Menschen transzendiert sich die Materie selbst und gelangt **zum Bewusstsein in der immanenten Spannung zwischen Seele und Ich.** Erst ein vollständiges Erkennen, eine **Bewusstwerdung** des inneren Wesens offenbart den tieferen Sinn des Seins, indem der

---

[37] Jakob Lorber, 7/160 4/ 93 ff.

Mensch dann im Einklang mit seiner eigenen Seele schwingt.[38]

In Wahrheit ist das, was der primitive Mensch unter „Seele" versteht, das gleiche, was man heute „Leben" nennt. Die Begriffe „beseelt" und „belebt" sind völlig identisch, ebenso die Begriffe „entseelt" und „tot". Denn „Niemand hat eine Individualseele, sondern wir sind alle an der kosmischen Seele beteiligt. Von dort aus müssen die Seelen die Materie ganz durchdringen, wobei dieser Prozess zeitlich ist, die Seele selbst aber ewig.

---

[38] Georg Ernst Stahl: „Der Körper ist für die Seele gemacht worden; die Seele ist nicht für den Körper gemacht worden, noch ist sie sein Produkt. ... Die Quelle aller vitalen Bewegung ist die Seele, welche die Maschine des Körpers aufbaut und sie einige Zeit gegen äußere Einflüsse aufrechterhält. ... Die unmittelbare Ursache des Todes ist nicht Krankheit, sondern die direkte Tätigkeit der Seele, welche die körperliche Maschine verlässt, entweder weil sie durch irgendeinen ernstlichen Schaden nicht mehr betriebsfähig ist, oder weil sie nicht mehr mit ihr zu arbeiten wünscht." (Hollander, B.: a. a. O., S. 169)

IV. TEIL

AUTOIMMUNERKRANKUNGEN ALS URSACHE NEUER SCHWINGUNGSFELDER

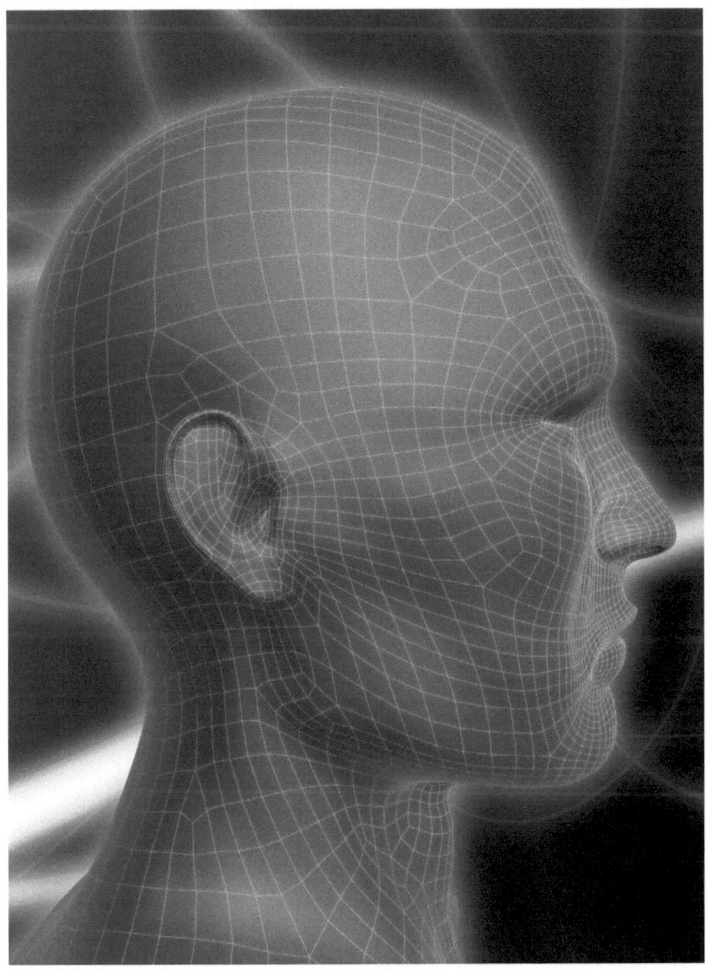

Neue Schwingungsfelder
und Gesundheit

Hildegard von Bingen sagt in diesem Zusammenhang:

„Im Kosmos ist alles ein korrespondierender Zusammenhang. Ebenso auch der Mensch: Wenn er sich in der Seele zusammenzieht, folgt bald sein Körper nach. So ist es auch mit den Krankheiten – sie sind Abbilder seiner Seele. Oft wird dann ein Organ als Herd für eine Erkrankung ausgewählt, was dem Eigenwillen eines Menschen am meisten entspricht. z.B. wenn ein Mensch am Herzen leidet, so ist auch sein großer seelischer Kummer dort beheimatet. Wenn es der Magen ist, dann will er meist zu viel „fressen", was er dann nicht mehr kann. Ist es die Leber, so hat er oft unsaubere Gedanken, denn die Gedanken sind wie das Blut. Die Unsauberkeit der Gedanken zeigt sich auch in der Haut (Akne). Die Gifte der tiefsten Seele gehen an die Nieren. Wichtig ist auch die Versteifung. Das sind Menschen, die festhalten, was sie weitergeben sollten. Die, die Krebs haben, wuchern in Hochmut in dem Organ, das betroffen ist: Diejenigen, die davon im Darm betroffen sind, haben zu viele Abfallreste, die sie gern loswerden wollen und dabei alles nur verdrecken."

Kommentar:
Menschen sind nie allein im Körper erkrankt, alles korrespondiert. Im Körper wird dabei nur ein langer seelischer Prozess endlich sichtbar.[39]

---

[39] Smigelski, „Wege zur Erleuchtung"

Krankheit und Bewusstsein

Allein der Geist ist die zeugende Quelle aller Gedanken, wobei er sich als Quelle selbst nicht entdecken kann, und das bedeutet: Die Quelle existiert zwar wirklich, sie ist nur nicht unmittelbar erfahrbar, weil die „Beengtheit des kosmischen Raumes" die Stätte unseres bewussten Wirkens ist und uns dazu disponiert, vorerst lediglich lineare Kausalzusammenhänge zu treffen. Das ermöglicht zwar den Menschen innerhalb des gedanklichen Energiestromes Ursachen und Wirkungen wahrnehmen zu können, bleibt aber letztendlich eine Täuschung, die nur überwunden werden kann, wenn eine **empfänglichere Bewusstheit** einer höheren Dimension ins Spiel gebracht wird, von der man sich das *„Aufschließen neuer Bewusstseinsräume"* erhoffen kann.

Hinsichtlich der beiden menschlichen Zustände von „Gesundheit und Krankheit" gelten diese Gesetze vom *„holographischen Umschalten von Gedanken auf Energien"* und umgekehrt auch als ständiges Wechselspiel zwischen Physis und Ätherleib. Denn Krankheiten beginnen im Grunde lange bevor die ersten Symptome und fühlbaren organischen Schädigungen feststellbar sind. Viel frühere Regulationsstörungen im Denken und in der Psyche setzen sich über Disregulationen der Physis in physiologischen, funktionell-organischen bis hin zu zellulären und molekularen Fehlregulationen fort, was physikalisch einer stufenweise *„Einengung von Radiowellen über Mikrowellen, Infrarotwellen bis ins Spektrum des optischen Bereichs entsprechen"*[40] würde.

---

[40] Fritz-A. Popp / Biophotonen, a.a.O. S.292

Diese „mental-psychischen" (elektro-magnetischen) Energie-felder gehören einer feinstofflicheren, d.h. höherfrequenteren Ebene an, als die des grobstofflichen Körpers, sind darum mit der mentalen Ebene des Bewusstseins kompatibel und prägen so ihre mentalen Frequenzmuster dem Organismus auf. Es ist wie in der Musik: Der gleiche Ton, nur eine Oktave höher oder tiefer, aber nicht dieselbe Frequenz. Jeder Mensch hat Zugang zu dieser Art *„kosmischer Interferenzmuster"* (Wellen/ Frequenzen), da letztlich selbst jeder Gedanke auch diesem Gesetz im Universum unterliegt, wobei diese *„quantenbewussten Intuitionen"* vorerst nur bei wenigen Menschen wirksam relevant sind, und zwar bei denen, die neben dem rein funktional-kausalen Denken, noch die Fähigkeit besitzen, über **intuitiv-analoges Denken** hinaus bis hin zum holographischen **Quantenbewusstsein** bereits Zusammenhänge zu erfassen. Für die meisten Menschen ist allein das kausale Denken die höchste Stufe ihrer Bewusstseinsmöglichkeiten. Denn alles, was ein Mensch erkennen und wissen kann, entspricht seinem individuellen Bewusstseinslevel. *„Du gleichst dem Geist, den du begreifst"* (Goethe), wobei dieser als jeweils dominante Bewusstseinsebene alle Wahrnehmungen einfärbt. Es sind vor allem diese **mental-psychischen Energiefelder**, die ursächlich für alle **Autoimmunerkrankungen** zuständig sind.

Autoimmun-Erkrankungen bedeuten immer einen vorübergehenden Verlust an **Kohärenz des holographischen Funktionierens**, und Gesundheit wäre somit im Gegensatz dazu als „Kohärenzphänomen" *par excellence* zu bezeichnen. Denn das *Laserlicht* als funktionaler Träger holographischer Prozesse besitzt einen sehr hohen Ordnungsgrad an Kohärenz und ist deshalb in der Lage, nicht nur informativ, sondern selbst ordnungsbildend zu wirken. In diesen Eigenschaften des Lasers als gebündeltem Licht wird auch deutlich, dass im Zusammenspiel von Energiefluss und Ordnung in der **Kohärenz** der wichtigste Schlüssel zum biophysikalischen Verständnis des Lebens zu sehen ist, weil dabei auch die Materie selbst beginnt, ihren *„Schwingungsaspekt zu offenbaren"*, genauso wie im Licht sich die Teilchen als Produkt einer kohärenten Überlagerung von Wellen eines grundlegenden Energiefeldes erweisen. Darum steht auch das Laserlicht als Licht im Zellverband ständig zur immanenten *Photoreparatur* bei Störungen zur Verfügung. Es sind die notwendigen Regulationsaufgaben, die das Licht allerdings nicht mehr ausführen kann, wenn der Fluss der Energien so stark durch Erkrankungen blockiert wird, dass die Informationskanäle verstopft oder zerstört sind.[41] Und es zu keiner Resonanz mehr kommen kann.

Insofern kann man Krankheit auch als *„Entkoppelung"* bezeichnen, da im gesunden Zustand alle Resonatoren (schwingungsfähige Systeme) holographisch gekoppelt funktionieren, wodurch ein gesunder Organismus als flexible Ganzheit vom integralen Biophotonenfeld zusammengehalten wird. Denn Gesundheit ist die Fähigkeit des Organismus, sich jederzeit auch selbst zu regulieren[42] und zugleich auch die Intensität ist, mit der ein Organismus sich mit seiner Umwelt auseinander-

---

[41] Biophotonen, a.a.O. S.114 „Bei einem Zellverlust von zehn Millionen pro Sekunde muss der gesamte Zellverband mindestens innerhalb einer millionstel Sekunde informiert werden, und das ist praktisch Lichtgeschwindigkeit, um den Tod jeder Zelle einzeln registrieren zu können."

[42] Bischof, Biophotonen S. 290, Krankheit als Entwicklungskrise – „es sind notwendige Krisen in der ständigen Auseinandersetzung mit der Umwelt, Entwicklungskrisen, in denen eine momentane Stabilität und Identität durch eine neue Herausforderung in Frage gestellt wird und nach einem neuen Zustand höherer Stabilität ruft."

setzt. Heilen wäre darum der Versuch, den Organismus wieder an die notwendigen **Lebensenergien** „anzukoppeln", und d.h. eine bewusste Annäherung ans „Heilseins" im Sinne einer „Einheit" innerhalb aller äußeren Polaritäten zu finden. Denn im Sinne der Quantenphysik sind alle Erscheinungen bestimmte **Zustandsformen** von Energien und damit *Schwingungsfelder unterschiedlicher Frequenzen*. Insofern sind alle Organismen schwingende Systeme (Oszillatoren und Resonatoren), die aufeinander einwirken, wobei allein die alles integrierende holographische Frequenzstabilität das Maß für die Gesundheit eines Organismus garantiert.[43] Ein weiteres Kennzeichen von Gesundheit ist, dass das **elektrodynamische Feld** überhaupt flexibel auf alle möglichen Einflüsse reagiert, denn jeder lebende Organismus pulsiert mit individuellen rhythmischen Variationen, deren Intensitäten, Verzerrungen und Tendenzen durch Resonanz zu anderen Frequenzen verstärkt, verdichtet, beschleunigt oder verlangsamt werden.

Erkrankung bedeutet dagegen immer einen Verlust der Stabilität einer bisher ausbalancierten Ordnung, weil ein Mensch über sein **Denken** ins Ungleichgewicht geraten ist. Vor allem muss man die bittere Wahrheit des Gesetzes von *Ursache und Wirkung* anerkennen, um in voller Klarheit zu verstehen, dass jeder Mensch im „Wenn und Dann" immer für die Folgen selbst verantwortlich ist, und weil es allein die Ursache ist, die unablässig ihr Ziel verfolgt, um als Signal darauf hinzuweisen, dass der Mensch durch *„falsches Denken und Handeln"* selbst für alle Störungen verantwortlich ist. Denn *„Die Energien der*

---

[43] M. Bischof S. 204 ff. „Diese Frequenzstabilität der Biophotonenemissionen stellt das Maß für die Gesundheit des Organismus dar.

Gedanken haben einen direkten Einfluss auf die Steuerung der Körperphysiologie".[44]

So wird durch konstruktive wie destruktive Interferenzen von „Gedankenenergie" die Proteinproduktion der Zellen mit allen daraus abzuleitenden Funktionen direkt aktiviert oder gehemmt; und das verlangt, **dass man einen viel sorgsameren Umgang** mit Gedanken hegen müsste, um so zu lernen, mit dem eigenen Denken achtsamer umzugehen, weil sich „falsche Denkenergie" immer physisch negativ niederschlägt. „*Wunderheilungen"* sind die besten Beispiele für die enorme Kraft von Gedanken und keinesfalls zufällige Anomalien; denn was ein Mensch nicht im Bewusstsein als Wahrheit hat, erscheint als „*Signalsymptom"* des Körpers für eine notwendige „*Heilung eines Mankos in der Ganzheit"* seiner Persönlichkeit und sollte darum im Sinne einer „*Bewusstseinsgenese"* verstanden und akzeptiert werden.[45] In diesem Zusammenhang betont Mulford (a.a.O.): „*Denn es gibt lähmende und krankmachende geistige Ströme, die giftigen Metalldämpfen gleichen. Wer unter neidischen, hasserfüllten oder pessimistischen Menschen lebt, absorbiert von ihrer geistigen Atmosphäre ein giftiges Gedankenelement voll zersetzender, krankmachender Kraft: ein Element eines schwer nachweisbaren Giftes, weil dessen Wirkungen subtiler sind und erst später bemerkbar werden."*

Das bedeutet: Keine „*medizinische Kausaltherapie"* führt allein zur wahren Ursache einer Erkrankung, darum kann letzt-

---

[44] Bruce Lipton, a.a.O., S.123 „Die Energie der Gedanken hat einen direkten Einfluss auf die Steuerung der Körperphysiologie".
[45] Dethlefsen, a.a.O., S. 108

lich der Ausgang für eine Diagnose nur eine alle Faktoren umfassende **Bewusstseinskonstellation** sein, um bei einer solchen Betrachtung nicht nur den ganzen Menschen zu erfassen, sondern auch um die hinter allem Geschehen oft wirkende *„Sinnhaftigkeit und Absicht"* einer Krankheit zu erkennen. Denn nur so wird der zweite Pol zu einer rein funktional-kausalen Diagnose durch wichtige analoge Hinweise ergänzt, weil Symptome am stärksten auf die Absicht und das Ziel einer Erkrankung hinweisen. Allerdings braucht es Zeit, um dieses „Dahinterwirkende", also die wahren Motive, zu finden, was letztendlich nur über eine Selbstanalyse ermöglicht wird, in welcher der Erkrankte einerseits *Täter und Opfer* in einer Person ist und andererseits immer auch die Gefahr besteht, eine erkannte Eigenverantwortung für Erkrankungen durch Schuldzuweisen auf die Umwelt zu projizieren, was wiederum auch jede Heilung zunichte macht.

Denn „Krankheitssymptome" am Körper sind Signale für verdrängte Fehleinstellungen, die im reinen Funktionaldenken oft ein „verdecktes Schattendasein" führen. Heilung ist nur dann möglich, wenn man über das „holographische Quantenbewusstsein" als Ergebnis einer Selbsterkenntnis solche Störungen sich wieder bewusst macht, um diese dann zu überwinden und darüber heilsam wirken zu lassen. Denn eine konsequente und wahrhaftige Selbsterkenntnis umfasst nicht nur beide „Hälften" des Menschen, sondern versteht das Leben auch als ein gegenseitig aufeinander bezogenes Ganzes, wo hingegen das allein nur einseitig beobachtende Ich durch seine „Begrenztheit" ständig das Erkennen des Ganzen verhindert, was Verblendungen erschafft.

Um sich seiner „ganzheitlichen Typbedingtheiten" (vorherrschende Systeme – Lymphe, Galle, Nerven, Blut) etwas bewusster zu werden, bietet z.B. das *Enneagramm*[46] eine sichere Hilfe auch für eine umfassendere „ganzheitlich-medizinische Diagnose" an. Denn es ist ein primäres Gebot, sich Klarheit über die eigenen Fehleinstellungen, Verblendungen, falsches Denken und Handeln zu verschaffen, die einen so massiven und verheerenden Einfluss über das eigene Bewusstsein auf die Physis ausüben.

Denn es handelt sich dabei um grundsätzliche Fragen zur eigenen **Lebenseinstellung**, die ebenfalls einen **holographischen Charakter** hat. Das sind z.B. Probleme der Identifikation im Leben, Verweigerungen des Lebens selbst, Enttäuschungen, Verbitterung oder Vorstellungen wie persönliche Auserwähltheit, Einbildungen von begnadeten Leistungserfolgen, sowie Verblendungen eines selbstsüchtigen Schicksalsbewusstseins oder Gottesgnadentums eines Menschen in all seinen Wahrnehmungen. Solche Verblendungen liegen meist verdeckt unter der jeweiligen individuellen Disposition oder Idealvorstellung des eigenen Selbstbildes. Die einzige und wahrlich „bittere Medizin", die dagegen hilft, ist eine rigorose **Selbsterkenntnis**, die zwar schmerzhaft ist und zu der viel Mut gehört, diesen inneren Weg zu beschreiten. Nur darüber ist es aber möglich, alle illusionären Ideale und falschen Schuldgefühle aufzudecken und befähigt uns, unserem wirklichen Dilemma, nämlich unserem **„falschen Denken"** ins Auge zu sehen.

Nicht umsonst steht über dem Einlasstor von Delphi der Spruch: *„Erkenne dich selbst!"* Es ist für eine Heilung der ein-

---

46 Richard Rohr / Andreas Ebert, „Das Enneagramm".

zige Schritt, der aus diesem Dilemma herausführt; denn es ist die *„Ein-sicht"*, dass es innerhalb der Polarität des Lebens kein absolutes, d.h. objektives *„Gut oder Böse"* gibt, sondern immer nur ein subjektives **Bewusstwerden** als Ergebnis eines momentanen Seins, wobei man nur immer sich und seine eigene Sichtweise verändern kann, denn im Außen selbst gibt es gar nichts zu verändern und zu verbessern.

Erst, wenn das begriffen ist, kann man in der „Kunst des Heilens" auch eine fundierte Diagnose für eine erfolgreiche therapeutische Methode erstellen. Zuerst müssen die obwaltenden bewussten Verwirrungen, falschen Wertmaßstäben und Verblendungen erkannt werden, um diese als primäre Verursacher für eine Erkrankung wirksam zu überwinden. Denn es sind gerade die entstellenden gedanklichen Einflüsse im Innern jedes einzelnen Menschen, die über Verblendungen und Täuschungen im Leben am stärksten im Körper „Verwirrungen" auslösen. Deshalb ist es notwendig, dass jeder für sich und an sich selbst arbeitet und lernt, jene Klarheit und Wahrheit zu schaffen, jene oft so tief eingefleischten schlechten Gewohnheiten zu erkennen und über eine reinigende „Läuterung" zu überwinden; und das bedeutet: jeder muss zunächst einmal sein eigenes Sonderproblem feststellen, zu welchem „Typus" er gehört und welcher dominante Aspekt im Leben der für ihn beherrschende ist.

Das Immunsystem

In diesem Zusammenhang muss man auch noch einmal auf das Immunsystem im Körper zu sprechen kommen, weil es im Heilungsprozess die entscheidende Rolle spielt. Dabei sollte man stets bedenken, dass Immunsysteme in ihren Wirkungen immer auch vom „Typus" abhängig sind, denn es handelt sich dabei immer um den subjektiven Einsatz und die „Handhabe" aller zur Verfügung stehenden **Lebensenergien**, das heißt: Wie haushaltet ein Mensch mit den ihm zur Verfügung stehenden Lebensenergien einerseits und wie geht er mit seinen bewussten Einstellungen damit um? Insofern bewirkt das mit der **Gedankenwelt** kooperierende Immunsystem entweder einen positiven oder negativen Einfluss, z.B. belebende Energieeinstrahlungen für die Gesundheit oder aktuelle Fehleinstellungen im Organismus, die den lebenswichtigen Energiefluss stören und sich dann als akute oder chronische Veränderungen im Körper erweisen. Ferner muss man feststellen, ob die dahin führenden entsprechenden epigenetischen Fehlhaltungen entweder aktueller oder habitueller Art sind. Denn verantwortlich dafür sind die „Spannungen" zwischen dem Immunsystem im Körper und dem Ätherleib, der wiederum mit der Gedankenwelt kooperiert. Wenn sich diese beiden Systeme „überqueren", dann sind die Immunsysteme häufig mit allen Folgewirkungen blockiert oder werden direkt ausgeschaltet. Denn zusammenfassend kann man sagen, dass hinsichtlich der „Kommunikation" zwischen dem „inneren Menschen" und seinem äußeren Handeln die **Immunsysteme** beim gesunden Menschen nur so lange störungsfrei funktionieren, wie der physische Körper die Regungen des Ätherleibes widerspruchsfrei abbildet. Wenn aber das ICH (Bewusstsein und Eigenwille) sich mit seinen Vorstellungen, Verblendungen und Selbstbildern einmischt, wird diese natürliche Kommunikation gestört, oder genauer: die eigenwillige Energie des Ich übernimmt anstelle der Seele die Steuerung, sodass deren ungeordnete Strebungen den Energiefluss zwischen Ätherleib und physischem Körper stören.

Die Aufgabe des körpereigenen Immunsystems ist bekanntlich der **Schutz** gegen Keime oder andere „fremde" Substanzen (Stoffe), wofür als Abwehr z.B. die Produktion der Antikörper dient. Bei den Autoimmunerkrankungen hingegen bildet der Körper eine „Immunantwort gegen seine eigenen Gewebe". Derzeit sind mehr als 60 verschiedene Autoimmunerkrankungen bekannt, die ein Organ, ein Organssystem oder aber letztlich den gesamten Körper betreffen können. Dabei ist die Ursache der Autoimmunerkrankungen selbst weitgehend unbekannt. Wenn man jedoch einmal davon ausgeht, **dass das Immunsystem direkt mit der mentalen Gedankenwelt kooperiert, also ein holographisches System ist**, so ist es durchaus denkbar, hierin einen Ansatz für die Ursachen solcher Erkrankungen zu finden. Denn so betrachtet sind Autoimmun-Erkrankungen und Ätherleib quasi beide aus „gleicher Substanz", wobei diese beiden Aspekte im Moment einer ursächlichen Wirkung immer als „Ätherleib und Bewusstsein" zusammengebracht werden.

In der Vergangenheit sah die Medizin bei Erkrankungen lediglich in der Physis einen ursächlichen Zusammenhang. Die Menschheit „erkrankte" bis dato fast ausschließlich nur im Zusammenhang mit Störungen in der Physis. Für eine Heilung und wieder gut funktionierende Instandhaltung der Gesundheit fokussierte sich deshalb die Medizin allein auf die Physis. Auch heute noch geht die Medizin primär von der physischen Realität aus, nämlich Krankheiten mittels Substanzen (Medikamenten, technischen Geräten etc.) zu behandeln, deren Wirksamkeit erfahrungswissenschaftlich (empirisch) verifiziert wurden.

Jede „Substanz" („medizinische Behandlung") stellt grundsätzlich auch immer ein fremdes *Schwingungsfeld* dar, welches direkt auf die Schwingungsebene eines organisch-schwingenden Systems einwirkt, wobei dieser Prozess fast nur die *„Oberflächenstruktur"* der Physis und nie die darunter liegenden mental-psychologischen Schwingungsfelder wirksam erreicht. Aber gerade von diesen „Schwingungsfeldern" können Störungen wirklich überwunden und eine Erkrankung wieder geheilt werden. Denn in diesem Fall versucht immer ein gestörtes organisches System über das eigene innere Immunsystem wieder eine Kohärenz, d.h. eine Einheit, bzw. Harmonisierung, in der Ordnung seiner Schwingungsmuster herzustellen, was aber selten über *„physiologische Energiefelder"* allein gelingt. Zwar entdeckte man seit ca. 100 Jahren auch im Kranksein einen psycho-somatischen Zusammenhang, der den Menschen deutlich machte, dass der Mensch nicht nur ein biologisch-physisches Wesen ist, sondern ein bewusst denkender ist. Die Menschheit wurde sich der Tatsache bewusst, dass der Mensch über seinen biologisch-physiologischen Bezug hinaus ein „geistbegabtes Wesen" ist und sich auf völlig neue **Bewusstseinsschwingungen** einzustellen hat. Und das bedeutet, dass sich die Menschen hinsichtlich ihrer Gesundheit trotz gesunder Lebensführung vor allem auf neue Bewusstseinsbereiche und eine richtige Lebenseinstellung einzustellen haben: Man erkannte, dass eine neue Bewusstwerdung des Denkvermögens als einen Faktor von größter Bedeutung anzusehen ist und begriff, dass auch gedankliche Kräfte, wie das Denken und Vorstellen überhaupt, wichtige Einflussfaktoren sind, die richtige oder falsche Reaktionen im Körper hervorrufen: **Dem Gedanken folgt die Energie**.

ANSÄTZE FÜR EINE THERAPIE?

Diese allgemeinen Angaben haben nur dann einen Wert, wenn man im Auge behält, dass sie nur Verallgemeinerungen sind. Denn die Menschen befinden sich auf allen nur denkbaren unterschiedlichen Entwicklungsstufen. Auf diesen verschiedenen Stufen bieten sich darum auch unterschiedliche Ziele dar, wobei jedes Ziel einen Fortschritt bedeuten sollte, mit dem aber auch gewisse Schwierigkeiten verbunden sind. Alle diese Strebungen vermischen sich, gehen ineinander über und bilden oft einen schrecklich konfusen Spielplatz für „Gedanken und Einstellungen". Nur im Leben eines unentwickelten Menschen ist oft noch eine „klare Einfachheit" zu finden. Dazwischen, von der Kindheitsstufe des Menschen bis zur Befreiung vom Leben einer Persönlichkeit, gibt es nichts als Verwicklungen. Jeder Mensch ist tatsächlich wie ein winziger „Wirbel" in diesem großen Meer des Daseins, in dem er lebt und west. Er ist so lange in unaufhörlicher Bewegung, bis seine „Seele" mit dem „Quantenbewusstsein" endlich wieder vereint ist, und das bedeutet ein Umdenken in allen Lebensbereichen insbesondere in der Medizin, die sich bereits durch die „Tiefenpsychologie", aber auch den unaufhaltsamen technischen Fortschritt ständig neu orientieren musste.

Durch die Entdeckung so vieler „neuer Erkrankungen" erfolgen in letzter Zeit immense Umstellungen im Bereich der medizinischen Therapeutik. Noch sind nach wie vor alle medikamentösen Therapien relativ einfach zu beschreiben, sind aber leider im Hinblick auf **Autoimmunerkrankungen** total untauglich. Denn der einzig richtige Ansatz dafür kann für eine zukünftige Therapie nur holographisch erfolgen, weil bei solchen Erkrankungen immer der ganzer Mensch betroffen ist und nicht nur ein Organ oder ein fokussierter Bereich im Körper. In diesem Zusammenhang muss noch einmal deutlich darauf hingewiesen werden, dass im Menschen allein sein **Bewusstsein** holographisch reagiert, weil es immer den gesamten Mensch betrifft und darum der einzige kompatible Ansatz für eine Therapie sein sollte.

Einem Patienten sollte darum deutlich gemacht werden, dass er primär nicht „schizophren konzipiert" ist, sondern in all seinen Reaktionen, Einstellungen und Haltungen ganzheitlich reagiert. Darum muss eine notwendige „Bewusstseinsgenese" an erster Stelle einer Therapie stehen, die eine ganzheitliche Selbsterkenntnis zur Voraussetzung hat. Vor allem muss den Menschen bewusst gemacht werden, dass das dafür zuständige „Organ" allein ihr **„Bewusstseinskörper", der Ätherleib** ist, denn bei allen vom Ätherleib bedingten Erkrankungen liegen Störungen durch Energiestrahlungen vor, die immer über Gedankliches und Vorstellungsmäßiges (Wünsche etc.) gehen. Gedanken sind Frequenzen, die auf Resonanzen auftreffen und Reaktionen auslösen. **Gedanken, die im Ätherleib keine positive sondern nur negative Resonanzen auslösen**, stören oder zerstören die Strukturen des Ätherleibes, der immer nach Harmonie strebt, die er aber wegen der Störungen nicht erhalten und weiterleiten kann, was dann wiederum ein ebensolches Feedback in der Physis erzeugt und wie im Spiegel die Störungen lediglich **rückkoppelt** an den dafür bestimmten Bereich in der Physis. Denn z.B. *„jeder Impuls der Furcht unterbricht* *die Verbindung zwischen Seele und Körper, öffnet den Körper jedem destruktiven Einfluss und führt zu Gespaltenheit, Schmerzen und Disharmonie".*[47]

Um sich über diese wechselseitigen Prozesse Klarheit zu verschaffen, ist dafür die absolut notwendige Voraussetzung das **Bewusstwerden** aller *inneren und äußeren Aktivitäten: „Der einzig erfahrbare Sinn unserer Inkarnation ist die Bewusstwerdung, so wie das Einzige, was das Grab überdauert, das Bewusstsein ist – und darum kümmern sich leider die Menschen am aller wenigsten."*[48] Denn in der Tat verdankt der Organismus eines Menschen seine Lebensfunktionen jener immateriellen Instanz, die wir Bewusstsein nennen, wobei beide Spannungsursachen nun entweder eine Sehnsucht nach Erlösung oder ein resigniertes Versinken in Hoffnungslosigkeit erzeugen können. Die Versuchung, sich den „Bildern der Welt" zuzuwenden ist dabei allerdings sehr viel stärker als die Hinwendung zu den Glaubensanforderungen im Leben; denn in dieser Richtung suchen die wenigsten Menschen Impulse für eine wirksame „Heilung von Erkrankungen".

Und das gilt im Besonderen für die Diagnose und zugleich auch für jeden Therapie-Ansatz von Autoimmunerkrankungen. Denn prinzipiell handelt es sich dabei immer um einen „Angriff" auf **ein holographisches System im Körper**, was immer den Empfang der gesamten „Lebensenergien" betrifft, und damit zugleich immer auch ein holographisches Problem auslöst. Es handelt sich also um „Systemerkrankungen", die nicht mehr auf ein Organ punktuell gerichtet sind, sondern übergreifend

---

47 K.O.Schmidt, „So heilt der Geist"
48 Dethlefsen, a.a.O., S. 363

sich auf die gesamte *Lebenseinstellung* eines Menschen richten. Es ist ganz allgemein gesprochen eine mehr oder weniger
„unbewusste In-Fragestellung" des eigenen SEINS.

Bei älteren Menschen handelte es sich bisher dabei weniger um
wirkliche *Autoimmunerkrankungen*, obwohl es auch dabei
fast immer um ganzheitliche Grundgestimmtheiten wie Verbitterung, Enttäuschung, Wunsch nach oder Vorbereitung auf das
Sterben geht. Es handelt sich generell um eine natürliche Vita-
litätsabnahme, was physisch in so genannter ganz „normaler
Altersermüdung" aller „Grenzringe" (Faszien, Bindehautbrü-
chigkeit), Fibromyalgie, Polymyalgie oder Verhärtungen und
Versteifungen sowie ferner auch in einer Verlangsamung des
Energieflusses bis hin zu Energieblockaden sich unangenehm
bemerkbar macht. Hierbei hilft kaum eine Medizin, meist nur
„GELASSENHEIT"!

Bei jungen Menschen werden dagegen Autoimmunerkran-
kungssymptome in jüngster Zeit mehr und mehr festgestellt,
was primär etwas mit der **Bewusstseinsumwandlung** der
gesamten Menschheit zusammenhängt. Ursachen sind hier
auch holographische Gegebenheiten wie z.B. Verweigerung
des Lebens selbst, Autismus, Identitätsprobleme, Ablehnung
aller Lebensbedingungen und des Phänobildes – Sinnfindungs-
probleme – Isolation – „Pränatale Erinnerungen" – Ängste –
Aspergersyndrom.

Kurz gesagt, kann man die Beobachtung machen, dass in der
Vergangenheit fast alle Alterserscheinungen als Autoimmunerkrankungen generell durch Blockierungen des Energieflusses
herrührten, die von einem beschädigten Ätherleib („Prägungs-

ergebnisses") bestimmt wurden, was fast ausschließlich allein den älteren Menschen betraf. Darum wurden diese „Erkrankungen" ganz allgemein unter dem Begriff „Alterserscheinungen" subsumiert.

„Autoimmunerkrankung" findet darum erst in der Gegenwart, anstatt der Bedeutung „Alterserscheinung", bei jungen Menschen eine völlig neue Bedeutung. Bestimmend für diese Umdeutung ist das im Bewusstsein „alles beherrschende Anwachsen" aller anormalen Zustände, die man zwar bei jüngeren Menschen bemerkt, aber nicht mit „begreifbaren Ursachen" in Verbindung bringen kann und darum die Ursachen verstärkt in der Physis und Psyche zu suchen und zu finden glaubt. Die Ursachen sind aber ausschließlich im **„Feinstoffwechsel von Physis und Bewusstseinskörper"** zu finden. Bei Jugendlichen liegt es einfach in der noch nicht voll entwickelten Ausprägung des Ätherleibs, weil noch kein gut funktionierter „Stoffwechsel" zwischen Bewusstsein und Physis stattfinden kann. Denn der **Ätherleib** ist noch nicht voll entwickelt und darum nur bedingt funktionsfähig. Denn auch dieser unterliegt einer Entwicklung genau wie die **Physis** und das **Bewusstsein**.

Bei der Geburt ist vom Ätherleib bekanntlich selbst nur eine Anlage vorgegeben, die noch bis zum „Erwachen" des Ichbewusstseins latent bleibt. Denn das ICH, das ab dem 3. Lebensjahr zu wirken beginnt, entwickelt sich im weiteren Leben quasi zur Antipode des Ätherleibs, wodurch die notwendigen Spannungen erzeugt werden, die für den belebenden positiven wie negativen Verlauf im Leben verantwortlich sind. Diese bestimmen dann im Leben eine mehr oder weniger gelungene oder misslungen *Weltbewältigung* sowie Gesundheit und Krankheit. Denn in dieser Polarität steuert das Ich alle objektbezogenen Horizontalbezüge, wobei der Ätherleib dagegen die wertenden subjektbezogenen Bewusstseinsbezüge bestimmt. Beginn einer „Therapie" muss also primär eine grundlegende Überprüfung aller Einstellungen zum Leben selbst sein, um störende Aspekte im Leben unter Umständen auch korrigierend zu verändern.

WAS KANN MAN TUN?

Selbsterkenntnis als erster Schritt. Dabei darf man sich nicht damit begnügen, „die Schlechtigkeiten" eines anderen festzustellen, sondern in sich selbst zu erkennen und bekämpfen. Denn lediglich über die Schlechtigkeit der Welt zu räsonieren, um sich und anderen zu beweisen, dass man sehr wohl in der Lage ist, das „Übel" in der Welt zu erkennen, bzw. sich auf diese Weise allen anderen gegenüber als „guter Mensch" zu distanzieren, genügt nicht. Ganz im Gegenteil erfolgen gerade über solche überflüssigen Feststellungen weder eine positive noch ein negative „Resonanz" im eigenen Selbst, sondern man „kübelt" damit nur allen anderen die Schuld über, was bedeutet, dass alle anderen die „Resonanz" dafür erbringen müssen, um das Übel zu lösen.

Eine wirkliche Veränderung der eigenen Bewusstseinseinstellungen zum Leben muss darum bei einem selbst beginnen, indem man auch den Einfluss der **Seele** als Verbindung zum „Ätherbewusstsein" erneut überdenkt. Alle Betrachtungen über das „Übel in der Welt" sollten aber nicht dazu führen, sich das Leben „schön und gut zu reden", sondern die Welt realistisch als eine Gegebene zu akzeptieren, die „geliebt" werden will im Sinne einer Möglichkeit, sie somit zu erlösen. Diese „wahrhaftige Akzeptanz" kann spürbar erleichtert werden, wenn man den Bezug zu seiner Seele selbst in sich findet, was einerseits den Einfluss zu allen übergeordneten Bewusstseinssystemen ermöglicht und dadurch andererseits sich seiner Autoimmunerkrankungen bewusst werden kann. Denn man sollte sich immer vergegenwärtigen, dass von solchen Instanzen wie der Seele uns wirklich positive Impulse erreichen. Solche Energie-Einstrahlungen erfolgen zwar ständig, allerdings erreichen sie einen nur, wenn man für diese Frequenzen eine Resonanz schafft, die einen wirksamen Empfang ermöglicht.

Es geht bei solchen Erkrankungen immer um den ständigen „Stoffwechsel" zwischen Gedanken, Ätherleib und Physis. Man sollte darum in Zukunft vielmehr immer davon ausgehen, dass die Art der Gedanken eines Menschen quasi die „Qualität" der vom Ätherleib „eingefärbten" Rückkoppelung von Energien bestimmt, was aber keineswegs als eine „Wenn-dann" Rückkopplung im Sinne bestimmter Gedanken für bestimmte physische Bereiche zu verstehen ist. Eine Rückkopplung ist also nie „ursächlich", sondern immer holographisch auf die gesamte Physis eines Menschen gerichtet; es bedeutet also nicht, dass durch bestimmte gedankliche Störungen zugleich in der Rückkopplung auch bestimmte Organe betroffen würden, sondern das „Energiefeedback vom Ätherleib" betrifft immer die Gesamtheit des Körpers, macht sich aber „punktuell" an gewissen angeborenen oder determinierten Schwachstellen im Körper bemerkbar und zwar über gesamtheitlich bestimmende Systeme: z.B. über das Nerven- oder Lymphsystem. Und das bedeutet: Die „Rückwirkung" fokussiert sich lediglich auf bereits vorhandene Schwächen im Körper. Wenn diese übergreifenden **ganzheitlichen Transportsysteme für Energien**, Strahlungen, Reize und Energieflüsse zu wenige Energien empfangen, weil Störungen oder Blockaden im Ätherleib das verhindern, dann sind vor allem Schwachstellen im Körper davon gefährdet: z.B. das Knochensystem, bzw. die Knochenhaut, also das Bindegewebe, die Faszien. Wenn solche Systeme unterversorgt werden, kann das im Körper als Reaktionen auf die blockierten Energieflüsse z.B. zu schmerzhaften Versteifungen, Verhärtung rein „punktuell" kommen. Die sich daraus ergebende Frage wäre: Führen solche Eintrübungen, Störungen, Blockaden des Energieflusses über den **Bewusstseinskörper** wiederum als Feedback in der Physis zu Beschädigungen? Oder kommt es auch zu Beschädigungen im oder am Ätherleib ?

In diesem Zusammenhang interessieren zwar primär allein die Wechselwirkungen zwischen „Bewusstseinskörper" und Physis, was jedoch die Beschädigungen im oder am Ätherkörper selbst anbelangen, so erfolgen diese genau wie im wirklichen Leben – z.B. als „Eintrübungen" wie bei einer Grippe, die auch den ganzen Menschen betrifft sowie entstellende Versteifungen oder Schrumpfungen, die Störungen im Energiefluss hervorrufen. Es sind Störungen, die sich **in der Physis immer als Schmerzen bemerkbar machen.** Denn die Art der gedanklichen Einstellungen zum Leben bestimmt den gegenseitigen „Stoffwechsel" quasi die „Qualität" vom Ätherleib sowie die über ihn „eingefärbten Rückkoppelungen" von Energien.

Es besteht in der Tat ein ständiger Austausch, aber nicht so, dass bestimmte gedankliche Störungen zugleich in der Rückwirkung auch bestimmte Organe betreffen würden, sondern das Energiefeedback vom Ätherleib betrifft immer die **Gesamtheit des Körpers**, und zwar nur über gesamtheitlich bestimmende Systeme wie Nerven, Lymphsystem, Blutkreislauf. Abgesehen von diesen Feststellungen bleibt hierbei vorerst die Frage noch offen, ob eine Schädigung allein in der **Physis** (Empfang von Energien) oder im **Ätherleib** (Sendestation) für störende Veränderungen vorliegt. Es handelt sich auch hierbei wiederum wie bei allen Energiestrahlungen um ein Wechselspiel der Systeme, wobei in der Tat hinsichtlich der Priorität von Empfangen oder Senden in Zukunft eine Verlagerung erfolgen wird. In der Zukunft der Menschheit werden es vor allem die Empfangs-module im Körper sein, z.B. die Faszien oder Nerven die Beschädigungen aufweisen – wie man jetzt schon an der neuen Population feststellen kann – während es in der Vergangenheit mehr um völlig „verbildete Ätherleiber" als Prägungsergebnisse eines Lebens ging, warum keine Energien mehr störungsfrei transportiert werden konnten.

Beispielhaft wäre in diesem Zusammenhang eine angeborene „Bindegewebsschwäche", denn diese ist als Systemvernetzung ein solch betroffener ganzheitlicher Bereich, dem im Leben auch ganzheitliche, leider oft falsche Bewusstseinseinstellungen entsprechen können. Bei einer Beschädigung dieses Systems würde das bedeuten, dass durch sämtliche Faszien, also der gesamten *„inneren Ummantelung"* von Nerven, Sehnen und Muskeln nicht mehr reibungslos Energien fließen, die einer Belebung dieses lebenswichtigen Systems dienen, denn dieses „Gewebenetz" stellt als Scheidewand oder Trennungsgewebe zwischen dem ätherischen und dem dichten physischen Körper die wichtigste „Resonanzmembran" dar. Wo allerdings dann im Körper bestimmte punktuelle Bereiche hinsichtlich von Schmerz-Attacken oder Beschädigungen betroffen sind, bleibt vorerst offen – meist handelt es sich auch bei solchen Systemstörungen um „umherwandernde Schmerzen" wie z.B. auch bei Rheuma-Attacken. Und das liegt oft wie bei den Polymyalgien an einem ständigen „Oszillieren" im Körper, also um eine **Symptomwanderung** über unterschiedliche Akupunkturpunkte und einer synchronen Rückkopplung auf entsprechende physisch betroffene Bereiche. Deutlich wird das in der Akupunkturtherapie, die den Energiefluss zwar in solchen betroffenen Bereichen zeitweise wieder herstellen kann, jedoch die Ursache nicht behebt, welche ja allein die holographischen Bewusstseinseinstellungen sind.

Analog könnte sich diese „Schwäche" im Leben als eine Berührungsempfindsamkeit oder sogar einer Ablehnung, überhaupt mit dem Leben in „Berührung" zu kommen, äußern. Solche holographischen Einstellungen oder Handlungsweisen entsprächen automatisch auch einer negativ besetzten Einstellung zum eigenen Körper wie an der Magersucht sichtbar wird (Essensaufnahme verweigern, weil man damit zugleich das Leben selbst ablehnt). Ferner projiziert man diese negative Einstellung auf für einen selbst so untergeordnete Körperbereiche, die dadurch in der Energieversorgung durch Vitalitätsenergien nicht nur unterversorgt, sondern quasi „ausgetrocknet" werden, bzw. sich in „schnaufenden Allergien" bemerkbar machen können (Heuschnupfen, Dermatitis). Denn negative Einstellungen und Gedanken führen zu einer Anfälligkeit aller Körperfunktionen, die sich in analogen Abbildern der äußeren Welt im Körper als Beschädigungen wahrnehmbar machen, und zwar immer analog dort, wo man auch das Niedere oder die

Schwächen am eigenen Körper verachtet und am liebsten ab-schaffen möchte. Die dadurch schmerzenden Rückkopplungen in der Physis weisen lediglich daraufhin, diese für einen so ab-scheulich anmutenden äußeren Aktivitäten nun als notwendige zu akzeptieren und nicht mehr zu verachten. Denn alle diese Bereiche dienen einem im Leben treulich und nur daran sollen uns die Behinderungen und Schmerzen in der Physis erinnern, keinen **falschen Bewertungen** zu erliegen, die lediglich nur zu autoimmunen Störungen führen.

Auch im Fall des Weichteilrheumatismus handelt es sich um das Bindegewebe der Nerven, bzw. der „Innenhaut" aller Muskeln, die selbst dabei nicht „krank" sind, aber die Durchlässigkeit der Energieversorgung in Form von brüchigen Verhärtungen der Faszien, gestört ist, wodurch die Belebung (Energieübertra-gung) förmlich im Bindegewebe stecken bleibt, sich manifestiert und keine Vibrationsschwingungen für einen kontinuierlichen Energiefluss auf die von den Faszien umhüllten Organe mehr durchlässt. Das empfindet man dann als schmerzhafte Verstei-fung. Um diese zu lösen, helfen äußere, mechanische Anwen-dungen allein nur wenig, sondern es muss auch in diesem Fall die „innere Haltung zum Leben" selbst als Ursache für die „ge-störte Schwingung" überprüft werden, um eine tatsächliche „Wiederbelebung" der „Verspanntheiten" zu erreichen. Diese Art der „Autoimmunerkrankungen" gehören zu den typischen Zukunftserkrankungen – ähnlich wie alle Allergien – die durch die Verletzungen des „Stoffwechsels" zwischen Gedanken (Be-wusstseinskörper) und holographischen Systemen (nervliches oder lymphatisches System) im Körper verursacht werden, also nicht ursächlich vom Organismus in der Physis herrühren, weil Störungen im Energiefluss vom Ätherleib sich nie in physischen

Organen festmachen, sondern sich immer über die holistischen Energiesysteme äußern. Darum sollte man in solchen Fällen therapeutische Bemühungen nicht allein medikamentös auf die Physis richten, sondern ganzheitlich vorgehen. Denn es geht bei allen Autoimmunerkrankungen immer um einen „holographischen Stoffwechsel" zwischen Gedanken, Ätherleib und Reaktionen im Körper. Sie sind eine Form der Allergie, die in einem Körper immer existiert, aber **in Schüben auftritt**. Bislang hat die Medizin noch keine Mittel dagegen gefunden, weil die Ursachen für sie nicht lokalisierbar sind, denn es ist **eine Störung zwischen Ätherleib und Nervenübertragung**.

Prinzipiell gibt es therapeutisch zwei Probleme zu beachten: **Senden und Empfangen** von Energien, wobei es um Energieblockaden oder einer Energie-Emanation gehen kann. Einmal handelt es sich um Unterversorgung zum anderen um eine „Überversorgung" als Verstopfung. Letzteres bedeutet, dass zu viel Energie erzeugt wird, ohne dass diese weitergeleitet wird, sondern den normalen Zufluss von Energien durch einen Energiestau verstopft. Typische Syndrome solcher „Verstopfung" wäre eine „Migräne", so nach dem Motto *„mir platzt der Schädel"*! Verursacher solcher Übel sind vor allem im Bewusstsein, also in analoger Hinsicht: Grübeleien, Hirngespinste, Phantasien und Träumereien, die dann auch den Menschen in seinen realen Intentionen und Aktivitäten lähmen und schlaff machen. Ferner führen solche „ätherischen Verstopfungen" häufig in der Physis zu einer ungewöhnlichen Verdickung des Bindehautgewebes, wobei diese „Verdickung" unter Umständen sogar die Verbindung mit einem höheren Bewusstsein vereiteln kann und geistige Störungen, bzw. einen Mangel an mentalem Gleichgewicht zur Folge hat, und was sogar auch körperlich zu übermäßigem Fleischansatz, zur Schwellung irgendeines inneren Organs und demzufolge zu einem erhöhten Druck führen kann, was z.B. auch im Zusammenhang von erhöhten Blutdruck und gedanklicher Gereiztheit eine deutliche Bestätigung findet. Denn wenn ein Teil des ätherischen Körpers verstopft ist, kommt es leicht zur Störung des allgemeinen körperlichen Zustandes. Genau das ist es doch, was gegenwärtig so viele Menschen betrifft. Darum ist es auch bei Kindern nicht ein Feedback auf böse Gedanken, sondern Störungen die nichts mit dem physischen Stoffwechsel zu tun haben, sondern eine zu starke Emanation an Energien über die rein physische Ernährung ist – und auch so können sich Ursachen für autoimmune Erkrankungen erklären lassen.

Denn bei der Frage nach Gesundheit oder Krankheit geht es letztlich darum, inwieweit ein Organismus in der Lage ist, auf das Schwingungsmuster eines auf ihn einwirkendenden anderen Oszillators zu reagieren und dabei seine eigene Stabilität zu bewahren oder wiederherzustellen, und das bedeutet: Gesundheit ist die Fähigkeit des Organismus, sich jederzeit auch selbst regulieren zu können. Erst wenn ein Organismus mit den Störungen selbst nicht mehr fertig wird, werden Erkrankungen akut und offensichtlich, und das ist immer gleichbedeutend mit einem **Verlust an Kohärenz und ganzheitlichem Funktionieren**, quasi ein *„Rückfall in eine tiefere Evolutionsstufe"*. Eine Erkrankung setzt z.B. ein, wenn ein angreifender „Oszillator" seine Informationen auf den Organismus übertragen konnte und aufgrund einer Fehlmodulation die Regulationsfähigkeit des Organismus gestört wird; dann versucht das organische System selbst immer wieder eine Kohärenz, d.h. eine integrierende Ordnung in seinen Schwingungsmustern herzustellen.

Dabei muss man beachten, dass der Einfluss von Emotionen nicht nur durch ein Feedback der Umweltinformationen des Körpers entsteht, sondern dass der seiner selbst bewusste Geist auch über das Gehirn „Gefühlsmoleküle" erzeugen und das Organsystem damit überlagern kann. [49](Siehe auch „Spiegelneuronen" als „emotionale Intelligenz").

Die heutige Medizin geht im Gegensatz dazu primär von der finalen, physischen Realität aus, nämlich Krankheiten mittels Substanzen (Medikamenten, technischen Geräten etc.) zu behandeln, deren Wirksamkeit erfahrungswissenschaftlich (empirisch) verifiziert wurden. Jede Substanz („medizinische Behandlung") stellt grundsätzlich ein **fremdes Schwingungsfeld** dar, welches direkt auf die Schwingungsebene eines organisch-schwingenden Systems einwirkt, wobei dieser Prozess fast nur die *„Oberflächenstruktur"* der Physis und nie die darunter liegenden mental-psychologischen Schwingungsfelder wirksam erreicht. Aber nur von diesen Schwingungsfeldern her kann eine Störung wirklich überwunden und eine Erkrankung wieder geheilt werden. In diesem Fall versucht immer ein gestörtes organisches System wieder eine Kohärenz, d.h. eine Einheit, bzw. Harmonisierung in der Ordnung seiner Schwingungsmuster herzustellen, was aber über *„physiologische Energiefelder"* allein nicht gelingt.

Denn nicht nur Stoffe und Substanzen üben im Körper Reize aus, die als Energiefelder krankheitsauslösend sein können, sondern ebenfalls alle **mental-psychischen Energien, die als epigenetische oszillierende Felder auf der feinstofflichen Ebene in die Physis einwirken.** Deshalb bedeutet die Beherr-

---

49 Bruce Lipton, a.a.O.

schung solcher mental-psychischer Energien über eine konsequente Bewusstwerdung quasi eine Form der *„Krankheitsprophylaxe"*; denn psychisch-mentale Energien verlangen immer nach manifester Verwirklichung. Mit anderen Worten: sie brauchen immer ein Ventil, einen Ausgleich, eine Neutralisierung der Spannung im manifesten Außen. Wenn diese Möglichkeit nicht besteht, drohen solche Energien sich anderenfalls im Organismus selbst zu „entladen", um diesen folglich vielfältig zu schädigen, quasi vergleichbar mit einer Art „Selbstvergiftung".

Es geht ab jetzt in der neuen Population nicht mehr nur um die weitere Bewusstwerdung des spirituellen Austausches, sondern um die **Umsetzung als Teilhabe im Begreifen**, was bewusst geworden ist. Man wird vor allem anderen die Betätigung des Denkvermögens als einen Faktor von größter Bedeutung ansehen; man wird erkennen, dass das Denken der wichtigste Einflussfaktor für die Zentren ist, denn die Menschen werden lernen, durch gedankliche Einflussnahme an ihren Chakren zu arbeiten und dadurch eine richtige Reaktion in allen holistischen Körpersystemen hervorzurufen, was eine Gleichsetzung mit dem Ziel des zukünftigen Quantenbewusstseins ist. Und zwar dass alle daraus folgenden Störungen nicht nur allein über den Ätherleib, sondern in der Umsetzung des neuen Bewusstseins zu lösen sind. Und das bedeutet: **Krankheiten der Zukunft werden Krankheiten, bzw. Störungen im Bewusstsein sein. In der Menschheitsgeschichte beginnen primär die Störungen aus der Spannung zwischen Physis und Umwelt, dann aus der Spannung zwischen Physis und Psyche, dann zwischen Ätherleib und Bewusstsein im neuen Äon.** Der Beginn davon ist gegenwärtig schon zu spüren. Diese Veränderungen basieren auf der Verlagerung von Physis über Psyche bis hin zum Bewusstsein.

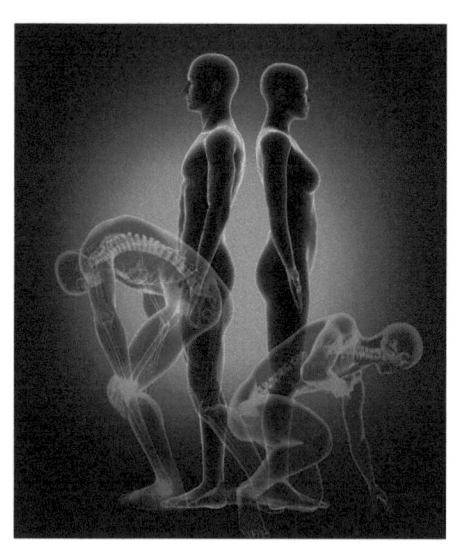

LITERATUR AUF EINEN BLICK

Anonymos .... Telepathie / Kommunikation der Zukunft

Assagioli, Roberto .... Psychosynthese / Junfermann

Augustinus .... Bekenntnisse

Aurobindo, Sri .... Die Synthese des Yoga / Hinder 1972

Avalon .... Die Schlangenkraft / 2001

Bailey, Alice .... Gesamtwerk / Genf 1932

Bauer, Ralph .... Musik als Zeitgestalt 1992

Bernhard von Clairvaux .... Das Buch von den Stufen der Demut und des Stolzes/ St. Benno

Bhave .... Der innere Frieden

Bearden, Thomas .... Excalibur briefing 1980

Bischof, Marco .... Biophotonen / Zweitausendeins

Bohm, David .... Wholeness and implicate order / London 1980

Bonaventura .... Soliloquium / Kösel Verlag Kempten 1958

Bunyan, John .... Die Pilgerreise Oesch Verlag

Capra, Fritjof .... Das Tao der Physik

Chardin, Pierre Teilhard de ... Die Entstehung des Menschen / C. H. Beck 1981

Davies, Paul .... Gott und die moderne Physik / Bechermünz Verlag

Dionysius Areopagita .... Die Hierarchie der Engel / München 1957

Dürr, Hans Peter .... Physik und Transzendenz / Scherz

Eddington, A. .... Physik der Transzendenz 1931

Fechner, Gustav Theodor .... Elemente der Psycho-Physik / 1887

Frisell, Bob .... Aus der Zukunft in die Gegenwart

Gabriel, E. .... Ein integrales Weltbild / München 1991

Gebser, Jean .... Ursprung und Gegenwart / Novalis Verlag 1979

Goldberg, Philip .... Die Kraft der Intuition 1995

Goswami, Amit .... Das bewusste Universum 2007

Grof, Stanislav .... Geburt, Tod und Transzendenz / rororo

Hartmann, Nicolai .... Ästhetik / München 1951

Hasselmann, Varda .... Archetypen der Seele

Häberli, Gerhard .... Die Einheit von Kosmos, Atom und Geist / Cosat-Verlag

Heim, Burkhard .... Elementarstrukturen der Materie / 1986

Heisenberg, Werner .... Physics and Beyond / New York 1971

Hildegard von Bingen .... Der Mensch in der Verantwortung / Otto Müller Verlag

Hierzenberger, Gottfried .... Erkundungen des Jenseits - Der Blick auf die andere Seite der Wirklichkeit

Jasmuheen (Ellen Greve) .... Lichtnahrung

Kant, Immanuel .... Praktische Vernunft

Krause, Helmut Friedrich .... Der Baustoff der Welt / edition dionysos

Lawrence, T.E. .... Tagebuch von drüben Ansata-Verlag

Lersch, Philipp .... Aufbau der Person / München 1953

Lorber, Jakob .... Das große Evangelium Johannes / Bietigheim 1981

Ludwiger, Illobrand von .... Die Erforschung unbekannter Flugobjekte

Maharshi, Ramana .... Seine Lehren / Kailasch Buch

Manning, J. .... „Löcher im Himmel" Verlag 2001

Meckelburg, Ernst .... Transwelt / Langen Müller

Nidle, Sheldon .... Der Photonring / Falk Verlag

Opitz, Christian .... Unbegrenzte Lebenskraft durch Tachyonen 1996

Ouspensky, P.D. .... Auf der Suche nach dem Wunderbaren / München 1978

Planck, Max .... Where is science going? / New York 1932

Popp, Fritz-Albert .... Biophotonen 1984

Rohr, Richard; Ebert, A. .... Das Enneagramm / München 1990

Sens, Eberhard .... Am Fluss des Heraklit / Insel Verlag

Schrödinger, Erwin .... Was ist Leben? 1987

Sheldrake, Rupert .... Engel – die kosmische Intelligenz / München 1998; Das schöpferische Universum

Stein, Edith .... Gesamtwerk

Sutton, Christine .... Raumschiff Neutrino / Birkhäuser

Swedenborg, Emanuel .... Himmel und Hölle / Zürich 1977

Theos, Bernhard .... Hatha Yoga Günter Verlag

Thomas von Aquino .... Die menschliche Willensfreiheit / Düsseldorf 1954

Tipler, Frank J. .... Die Physik der Unsterblichkeit dtv

Therese von Avila .... Der Weg zur Vollkommenheit;
Die innere Burg / Zürich 1979

Treumann, Rudolf .... Die Elemente / Hanser 1994

Underhill, Evelyn .... Mystik / Bietigheim 1928

Upanishaden .... Dietrichs Gelbe Reihe

West, John A. .... Die Schlange am Firmament / Zweitausendeins

Wheeler, A. .... Das Licht in unseren Zellen

Wilber, Ken .... Halbzeit der Evolution / Fischer 1998

Yukteswar, Sri .... Die Heilige Wissenschaft / O. W. Barth 1976

Zoev Jho .... E.T.101 / Zweitausendeins

„Der Anfang des Heils ist die Kenntnis
des Fehlers. "

Epikur (um 341 – 270 v. Chr.)